**SERVIÇO SOCIAL DO COMÉRCIO**
Administração Regional no Estado de São Paulo

**Presidente do Conselho Regional**
Abram Szajman
**Diretor Regional**
Danilo Santos de Miranda

**Conselho Editorial**
Ivan Giannini
Joel Naimayer Padula
Luiz Deoclécio Massaro Galina
Sérgio José Battistelli

**Edições Sesc São Paulo**
*Gerente* Marcos Lepiscopo
*Gerente adjunta* Isabel M. M. Alexandre
*Coordenação editorial* Cristianne Lameirinha,
Clívia Ramiro, Francis Manzoni
*Produção editorial* Simone Oliveira
*Coordenação gráfica* Katia Verissimo
*Produção gráfica* Fabio Pinotti
*Coordenação de comunicação* Bruna Zarnoviec Daniel

Cet ouvrage, publié dans le cadre du Programme d'Aide à la Publication 2017 Carlos Drummond de Andrade de l'Institut Français du Brésil, bénéficie du soutien du Ministère de l'Europe et des Affaires étrangères.

Este livro, publicado no âmbito do Programa de Apoio à Publicação 2017 Carlos Drummond de Andrade do Instituto Francês do Brasil, contou com o apoio do Ministério francês da Europa e das Relações Exteriores.

# Francis Wolff

## Não existe amor perfeito

edições sesc

Título original: *Il n'y a pas d'amour parfait*, de Francis Wolff
© Librairie Arthème Fayard, 2016
© Edições Sesc São Paulo, 2018
Todos os direitos reservados

*Preparação* Simone Oliveira
*Revisão* Sílvia Helena Balderama
*Capa, projeto gráfico e diagramação* Bloco Gráfico

Dados Internacionais de Catalogação (CIP)

w8326n

    Wolff, Francis
    Não existe amor perfeito: Francis Wolff;
    Tradução de Paulo Neves. – São Paulo:
    Edições Sesc São Paulo, 2018. – 128 pp.

ISBN 978-85- 9493-082- 8

1. Filosofia. 2. Amor. 3. Amizade. I. Título. II. Neves, Paulo.

CDD 194

**Edições Sesc São Paulo**
Rua Cantagalo, 74 – 13º/14º andar
03319-000 – São Paulo SP Brasil
Tel. 55 11 2227-6500
edicoes@edicoes.sescsp.org.br
sescsp.org.br/edicoes
🖪 🖸 🖸 🖽 /edicoessescsp

Tradução **Paulo Neves**
Ilustrações **Alexandre Camanho**

**9 Apresentação à edição brasileira**
Marcelo Coelho

**17 Introdução**

**23 Indefinível?**
27 Definir?
31 O amor ou os amores?
39 Gênero e diferença
42 Condições necessárias e suficientes
44 Protótipo
48 Rumo a um método ideal
**53 Os componentes**
58 A investigação dos componentes
69 Regras para a definição do amor
73 As fronteiras do mapa
**85 Heterogeneidade**
91 Da diferença entre amor e amizade
98 Consequências éticas
102 Da diferença ontológica entre os componentes
106 Das fusões difíceis

**123 Sobre o autor**

# Apresentação
## à edição brasileira

Pode-se escrever longamente *sobre* o amor, sem que seja necessário explicar exatamente o que ele é. Alinham-se diversas reflexões sobre o assunto, e o leitor mais ou menos saberá do que se trata, concordando ou não com o que lê. O moralista, o poeta, o religioso ou o devasso certamente não teriam dificuldade em fazer considerações desse gênero e em reuni-las na forma de um livro.

Projeto bem diferente, e mais difícil, é o de escrever um livro para investigar *o que é* o amor – e, nesse ponto, a palavra cabe, sobretudo, aos filósofos.

Professor emérito da École Normale Supérieure de Paris, Francis Wolff não sofre do problema que acomete tantos de seus colegas de ofício – a saber, o de levar as exigências do rigor conceitual aos limites do hermetismo e da tecnicalidade intimidante.

Ao longo de sua extensa produção intelectual, Wolff tem procurado recuperar, contra as especializações universitárias da filosofia analítica anglo-saxônica ou da chamada vertente "continental" da Alemanha e da França, o projeto de uma filosofia "geral", capaz de mover-se com naturalidade seja ao discutir o tema da "natureza humana", como em *Nossa humanidade: de Aristóteles às neurociências* (2011), seja ao falar da ética e da estética das touradas, como em *Philosophie de la corrida* (2007).

Desde a década de 1980, o público brasileiro pôde constatar as qualidades de clareza e de acessibilidade desse filósofo. Em um pequeno volume da antiga coleção "Encanto Radical", da editora Brasiliense, Francis Wolff introduzia o pensamento de Sócrates a gerações de estudantes e interessados brasileiros, que também puderam conferir seu excelente português – que vem do tempo em que lecionou filosofia na Universidade de São Paulo – nos ciclos de conferências organizados anualmente pelo também filósofo Adauto Novaes[1].

---

[1] Pelas Edições do Sesc São Paulo, há textos de Francis Wolff nos volumes *A condição humana — As aventuras do homem em tempos de mutações* (2009), *Mutações — A experiência do pensamento* (2010), *Mutações — Elogio à preguiça* (2012), *Mutações — O futuro não é mais o que era* (2013), *Mutações — O silêncio e a prosa do mundo* (2014),

A menção à língua portuguesa não se faz aqui gratuitamente, uma vez que as conotações de algumas palavras de uso geral – como "amor" – variam um pouco conforme o idioma. É provável que, em português, não usemos o "eu te amo" com a mesma naturalidade que há no "je t'aime" francês; temos também o "eu gosto de você", cujo equivalente, "je t'aime bien", parece mais restritivo do outro lado do Atlântico. Os franceses, por sua vez, dizem "j'aime le chocolat", quando dizemos, mais friamente, "gosto de chocolate".

Sinal, quem sabe, de que em português se empreste ao termo uma solenidade maior do que na França, ou de que pelo menos aqui seja um pouco mais rara sua utilização; no clássico português hoje relativamente esquecido de Júlio Dinis, *A ceia dos cardeais* (1921), contrastavam-se justamente o amor apaixonado e cheio de arroubos de um espanhol, o amor galante e conversador de um francês e o "amor-

*Mutações – O novo espírito utópico* (2016) e *Mutações – Entre dois mundos* (2017), resultantes desses ciclos.

-coração, o amor-sentimento", predominante em Portugal.

É também a partir de um trio conceitual – a amizade, o desejo e a paixão – que Francis Wolff constrói o argumento desta obra.

Tanto quanto um ensaio com o objetivo de explicar o que é o amor, este livro também é uma lição luminosa sobre o que é necessário fazer quando se trata de *definir* algo.

Toda definição, ainda mais de uma palavra tão carregada de sentidos e associações, está sujeita a críticas: sempre há uma exceção, uma ambiguidade, algo que foge ao limite que se pretendia estabelecer para o uso do conceito.

Várias estratégias de definição são experimentadas no curso deste breve ensaio, até que a fluidez essencial do termo se estabilize, provisoriamente, na forma de um triângulo formado pelos três vértices citados.

Amizade, desejo e paixão poderiam, quem sabe, receber acréscimos como "dedicação", "cuidado", "carinho" ou "respeito", se quiséssemos estender o tema para o amor materno ou filial, por exemplo. Porém, a solução proposta por Francis

Wolff tem, em sua clareza, a virtude de não se fechar em um esquema rígido e pronto. Apresenta-se como um convite ao pensamento, em que seu autor exerce, conforme a lição de Pascal, tanto espírito de *finesse* quanto de geometria.

**Marcelo Coelho**
Jornalista e articulista da *Folha de S.Paulo*

# Introdução

O amor voltou a ser um assunto para filósofos[1]. Tanto melhor. Claro que eles nunca farão tão bem quanto os escritores, que continuam sendo seus melhores guardiões. O amor inspirou os cantos mais dilacerantes, os melhores e os piores romances, comédias irresistíveis, tragédias desconcertantes. Os sociólogos também se manifestaram sobre ele, geralmente em tom de desilusão, afinal, tomam para si esse papel: "Vocês pensavam que era desse jeito (sentimentos nobres e eternidade), mas é mais desse outro (panelas e classes sociais)". Já era tempo de os filósofos tomarem a palavra dos psicólogos, que fizeram do amor sua especialidade incontestada – sejam eles psicana-

[1] Eis aqui algumas provas recentes: Jean-Luc Marion, *Le Phénomène érotique. Six méditations*, Paris: Grasset, 2003; Alain Badiou e Nicolas Truong, *Éloge de l'amour*, Paris: Flammarion, 2009; Luc Ferry, *La Révolution de l'amour. Pour une spiritualité laïque*, Paris: Plon, 2010; *De l'amour. Une philosophie pour le XXIᵉ siècle*, Paris: Odile Jacob, 2012; André Comte-Sponville, *Le Sexe ni la mort. Trois essais sur l'amour et la sexualité*, Paris: Albin Michel, 2012; e Ruwen Ogien, *Philosopher ou faire l'amour*, Paris: Grasset, 2014.

listas austeros ou frívolos escrevinhadores. Os filósofos ainda podem fazer algumas considerações ao assunto, mesmo que apenas preliminares – considerações essas não ao amor em si (sobre esse ponto não têm nenhuma habilitação), mas a seu conceito (que, dizem, é seu campo de domínio), deixando para outros ou para depois as já recorrentes indagações: saber se, nele, se é feliz ou infeliz; se cabe fazer seu elogio ou sua sátira; se é uma doença ou um remédio; se é possível viver sem ele e como viver com ele; o que significa amar ou não mais amar etc. É claro que tudo isso é essencial, porém, precisamos permanecer calmos e começar do começo. Devemos perguntar: "O que é o amor?" (ou, com Ella Fitzgerald cantando Cole Porter: "What is this thing called love?"[2]). Raramente coloca-se essa questão em primeiro lugar. Quer-se o amor, vive-se o amor, exalta-se o amor, mas quase nunca o definimos. No entanto, o exercício de defini-lo, por mais ingrato que pareça, pode ser esclarecedor: o

---

2     "O que é isso a que chamamos amor?".

*o que é* muitas vezes é o melhor caminho do *por quê.* Toda boa definição permite explicar as características mais enigmáticas. Seria possível compreender por que o amor cria tantas histórias diferentes sem saber o que é uma história de amor? Édith Piaf cantou com Théo Sarapo "Mais qu'est-ce que c'est l'amour?" bem depois de seu "Hymne à l'amour" que, não obstante, terminava por: "Mon amour, crois-tu qu'on s'aime?"[3]. Como filósofa, ela deveria ter feito o contrário.

Pois a filosofia, ao contrário do amor, começa a frio. E termina do mesmo modo.

---

3    "Mas o que é o amor?", "Hino ao amor" e "Meu amor, você acredita que a gente se ama?".

—

# Indefinível?

—

Ainda que a indagação "o que é o amor?" seja primordial, ela convida a uma questão prévia: "O amor é definível?". De fato, toda tentativa de definição esbarra em algumas objeções.

## Definir?

Uma dessas objeções é comum. Nossa época não gosta de definições. Qualquer questão do tipo "o que é" parece suspeita. Acaso se poderia definir a mulher? E por que não o francês, o negro, o judeu? Quem ousaria ainda querer dizer o que é a arte? (Uma pergunta que faz sorrir os entendidos). A definição em si parece "reacionária". O que a "modernidade" nos ensinou é que nenhuma realidade é constante e universal. Tal premissa é ainda mais verdadeira quando tratamos de sentimentos. Assim, não haveria uma essência do amor: ele seria um sentimento antropológica e historicamente variável, do erotismo dos trovadores do século XII[4] ao triunfo do casa-

---

4    René Nelli, *L'Érotique des troubadours*, Toulouse: Privat, 1963.

mento por amor no começo do século XX, passando pelo amor-paixão do século XVII e pelo amor romântico do século XIX. Os sentimentos são históricos e, portanto, historicamente variáveis. Os aficionados por *sites* de encontros ainda podem compreender o amor cortês? As boas práticas da pederastia na Grécia Antiga, entre o *erastés* e seu jovem *erómenos*, ainda têm sentido quando a palavra "pedofilia" designa um crime? A mesma objeção relativista pode ser formulada em termos antropológicos. A vida sexual dos habitantes das ilhas Trobriand[5], estudada por Malinowski, nos permite compreender *Os sofrimentos do jovem Werther*, de Goethe?

A essa objeção pode-se responder que as conveniências, os ritos, os tabus e as proibições que cercam a sexualidade, da puberdade até a morte; as práticas relativas à sedução, à corte, ao namoro, ao flerte, à galanteria; e as conven-

5    O antropólogo polaco Bronisław Malinowski é visto como um dos fundadores da antropologia social e fez no início do século XX um importante estudo etnográfico dos habitantes melanésios das ilhas Trobriand, na Papua-Nova Guiné. [N.E.]

ções, os usos e os costumes que definem as uniões desejáveis, permitidas ou proibidas, são evidentemente variáveis segundo as sociedades. Não há dúvida de que essas diferenças influem sobre o que os seres humanos sentem ou sobre o que estão dispostos a fazer uns em relação aos outros. Portanto, influem também sobre o que eles nomeiam, ou sobre o que nós chamamos, de "amor". Entretanto, nada indica que não haja um núcleo comum a todos esses amores, a julgar pelo que as literaturas das grandes civilizações produziram sobre o tema: na Grécia, a poesia de Safo; em Roma, dos dísticos elegíacos de Catulo dedicados a Lésbia ou a Flávio até *A arte de amar*, de Ovídio; na Índia, as mais de cem peças minúsculas de *A centúria*, antologia erótica do rei Amaru, do século VII, ou *O jardineiro do amor*, de Rabindranath Tagore[6]; a poesia amorosa da tradição árabe, do *nasib* que canta a ausência da bem-amada, na época pré-islâmica, ao *ghazal* da época omíada (século VII); as obras-primas do

6    "Meu coração, ave do deserto, encontrou o céu em teus olhos/ Eles são o berço da manhã, são o reino das estrelas".

Japão ou da China, a *Biografia de Yingying*, de Yuan Zhen, ou *A história do pavilhão do Ocidente*, de Wang Shifu etc. Tudo isso nos fala, se não de uma essência intangível do amor, pelo menos de uma música de fundo quase constante, um tema com múltiplas variações.

A segunda objeção vem dos filósofos. É o argumento "nominalista". Toda definição é genérica, e todo amor é particular. Segundo Bergson, "cada um de nós tem sua maneira de amar e de odiar, e esse amor e esse ódio refletem a personalidade inteira. Contudo, a linguagem designa esses estados em todos os homens pelas mesmas palavras; assim, ela só pôde fixar o aspecto objetivo e impessoal do amor e do ódio"[7]. Sendo assim, isso vale para todo conceito, e talvez valha ainda mais para um conceito que inclui sentimentos. Mas analisar um conceito, mesmo em seu uso impessoal e objetivo (e ele o é por hipótese), pode se mostrar esclarecedor. Pelo menos essa é uma das tarefas primeiras da filosofia. Pensar bem é

---

7    Henri Bergson, *Essai sur les données immédiates de la conscience*, Paris: PUF, p. 123.

pensar com conceitos claros e distintos. É, em primeiro lugar, pensar com propriedade e transparência. A dietética e a ética virão em seguida.

## O amor ou os amores?

A verdadeira objeção incide sobre a própria ambiguidade do conceito.

O amor se diz em vários sentidos. Fala-se de amor humano e de amor divino (o amor a Deus, o amor de Deus). Fala-se do amor do apaixonado assim como do amor materno ou paterno. Fala-se também de amor por música ou por *andouillette*[8]. Quanto aos filósofos e a alguns sociólogos, eles por vezes distinguem três tipos de amor que correspondem a três noções gregas[9]: *filia* (que

---

8    A *andouillette* é uma típica linguiça francesa. [N.T.]

9    Essa distinção é retomada por André Comte-Sponville em diversos ensaios, como em *Petit traité des grandes vertus* (Paris: PUF, 1998) ou, mais recentemente, em *Le Sexe ni la mort* (*op. cit.*). Ela é também utilizada por Luc Boltanski em *L'Amour et la Justice comme compétences. Trois essais de sociologie de l'action* (Paris: Gallimard, 2011).

se traduz geralmente por "amizade", mas cujo sentido é mais amplo), *eros* (que se traduz simplesmente por "amor" ou por "desejo sexual") e ágape (que se traduz por "amor ao próximo" ou "caridade"). De todos esses sentidos decorre um nó de problemas.

Pode-se perguntar se todos esses diferentes tipos de amor pertencem a uma categoria comum: por exemplo, o amor em geral seria o impulso desinteressado que nos move a outrem e que se realizaria, conforme os casos, para com uma criança (amor paterno ou materno), um amante (amor em sentido estrito) ou qualquer outro (amor ao próximo). Caberia, então, definir o gênero antes de definir as espécies. Aqui, surgem as questões clássicas: se todos esses amores são amores, não diferem somente por seu objeto? Suas diferentes manifestações não são apenas epifenômenos? Qual forma é a mais "verdadeira", por ser a mais *elevada* – para alguns, seria o amor pelo gênero humano, para outros, o amor a Deus – ou a mais *fundamental* – por exemplo, o amor às coisas em geral, minha "alegria quando acompanhada da ideia" da música de Bach ou da *andouillette*, retomando uma definição de Espinosa[10]. Para definir o amor, é preciso determinar inicialmente qual é essa forma primeira, e isso exige mobilizar pesados pressupostos filosóficos.

Pode-se indagar também se uma das formas de amor de certo modo conduziria necessariamente a outras: numa versão platônica, o amor seria o desejo de união com o objeto amado e poderia nos levar, paulatinamente, do amor físico a um belo corpo ao conhecimento do belo, amor puro, passando por diversas etapas intermediárias, o amor a belos corpos, a belas ações e, depois, a belos conhecimentos[11]. Ao contrário, numa versão cristã, o amor pelo Criador poderia se realizar de maneira essencial no amor universal por todas as criaturas ou até mesmo de forma degradada no amor carnal por uma só:

10    Ver a definição surpreendente de Espinosa: "O amor é uma alegria acompanhada da ideia de uma causa exterior" (*Ética*, terceira parte, escólio da proposição 13).

11    Platão, *Banquete*, 211 b-c.

"Mestre, qual é o maior mandamento da Lei?"

Respondeu Jesus: "Amarás o Senhor teu Deus de todo o teu coração, de toda a tua alma e de todo o teu espírito".

"Eis o maior, o primeiro mandamento".

"E o segundo é semelhante: Amarás teu próximo como a ti mesmo".

Nesses dois mandamentos se resumem toda a Lei e os Profetas[12].

Outro caminho, menos óbvio, permitiria interrogar a relação entre as diferentes espécies de amor em termos não mais metafísicos, mas naturalistas. Uma teoria evolucionista poderia ser esboçada. O que os animais humanos chamam de "amor" tem duas bases naturais mais ou menos autônomas herdadas da evolução. Há, de início, o instinto de acasalamento entre adultos púberes – e, mais particularmente, o desejo do homem pela mulher, pois este é indispensável à sobrevivência da espécie, enquanto o da mulher, embora útil por suas secreções, não é indispensável. Há, a seguir, a ne-

---

12    *Evangelho segundo São Mateus*, 22, pp. 36-41.

cessidade de cuidado dos filhos dependentes – especialmente o da mãe pela criança, pois, nas condições originais, o cuidado materno era vital, sobretudo para o recém-nascido. Essas duas capacidades de *ação* são acompanhadas de *afeição*, que, nos humanos, torna-se a expressão subjetiva essencial dessas necessidades naturais, a ponto de aparecer como a causa ou, então, de ser por eles invocada como a causa de tais necessidades. Eles acreditariam que copulam e têm cuidados porque amam, quando, na verdade, amam porque são naturalmente levados a copular e a ter cuidados. Assim, o amor não seria senão uma artimanha da natureza para nos fazer realizar seus propósitos. Haveria, em todo caso, um *continuum* natural entre os dois polos do amor humano: a tensão erótica por outrem com todo o seu cortejo de sentimentos, afetos, ações e palavras; e o cuidado pelo filho dependente, também com seu cortejo próprio de sentimentos, afetos, ações e palavras. É possível avaliar todas as objeções que tal abordagem poderia suscitar (sobretudo por parte dos que pensam que a "natureza" é uma norma a ser respeitada), mas, mesmo assim, ela é praticável. Também aqui, qualquer empreendimento de definir o amor no sentido estrito deveria começar por situá-lo num gênero mais amplo.

A relação entre as diferentes espécies de amor coloca, portanto, diversos problemas. Com frequência, os filósofos veem aí a questão fundamental, porque postulam que os pontos comuns são interessantes e até mesmo esclarecedores. Pode ser. Mas, talvez, trate-se apenas de uma equivocidade do termo "amor" em nossas línguas, não havendo razão alguma para postular uma unidade real. Seja como for, afirmar que uma mesma essência reúne a fraternidade humana ("amor ao próximo"), a bondade do Criador ("amor a Deus"), a paixão por certas coisas ("amor à música") e a atração carnal ("amor do enamorado"), ou mesmo que uma dessas inclinações é primeira, depende de consideráveis engajamentos metafísicos. Seu exame vai além da ambição deste pequeno livro. Além disso, os problemas de definição colocados por um único tipo de amor já são espinhosos. Assim, interrogaremos apenas o amor no sentido que essa palavra tem nas expressões "história de amor", "mal de amor", "canção de amor" ou nos derivados "enamorado" ou "amante". E esse amor será tratado como um conceito autônomo. É somente ele que nos esforçaremos por definir. Pois, mesmo nesse sentido restrito, ele ocupa um lugar central (não é verdade?) na vida dos seres humanos e nos modos de expressão de suas culturas.

Dizer "definição" não é dizer uma frase qualquer que enuncie tal característica suposta ou não percebida do amor. Definir é formular o que ele é, *ele*, e o que o *distingue* de tudo o que não é ele. É uma tarefa pesada, ingrata e raramente empreendida. Em geral, são preferidas as noções vaporosas, como se o vago do conceito acrescentasse um charme à coisa; como se a clareza da ideia tornasse insípido o mistério da realidade.

Fórmulas graciosas apresentam-se, então, como definições sem que o sejam. Elas multiplicam-se nas revistas semanais (sobretudo no verão) ou nos manuais de desenvolvimento pessoal. A literatura contém alguns tesouros. Em sua comédia teatral *À quoi rêvent les jeunes filles?*[13], o poeta Alfred de Musset faz o conde Irus dizer:

13    O que sonham as meninas?

"A vida é um sono, o amor é seu sonho", e acrescenta: "E você terá vivido se tiver amado". O Romeu de Shakespeare confia a seu primo Benvólio: "Love is a smoke raised with the fume of sighs"[14]. Aforismos também obscuros, mas menos belos e com pretensão definicional, às vezes emanam de gurus que se dispensam de justificar suas afirmações, já que isso desvalorizaria a autoridade de seu discurso ou de sua pessoa. Até os mais reputados cederam a essa retórica. Lacan, assim, saiuse com uma bastante boa, citada com frequência, mas dificilmente localizável em sua obra: "Amar é dar o que não se tem a alguém que não o quer". Esses tipos de sentenças lapidares, interpretáveis ao infinito, não são nem verdadeiras nem falsas: elas seduzem porque parecem pertencer ao gênero elevado do apotegma ou dito memorável. Mas, sendo *a priori*, são tão irrefutáveis quanto facilmente refutadas pelo primeiro dos contraexemplos[15]. Aliás, é fácil inventar pseudo-

14    "O amor é uma fumaça feita do vapor dos suspiros".
15    Ver Ruwen Ogien, *Philosopher ou faire l'amour*, op. cit., p. 69.

definições enigmáticas *ad libitum*[16]. Eis algumas delas: "amar é morrer dentro de si para reviver por um outro" – clara demais para seduzir; "amorosa é a alma ditosa" – o que é evidentemente falso, mas soa bem graças à assonância; e a mais sólida é ainda esta: "L'amour est enfant de bohème qui n'a jamais, jamais, connu de lois"[17].

## Gênero e diferença

Um dos métodos de definição mais fecundos, que remonta a Aristóteles e atravessa toda a história da filosofia até a época clássica, consiste em identificar primeiro o gênero a que pertence a coisa definida antes de determinar o que a diferencia das outras espécies do mesmo gênero. Por exemplo, o círculo é uma *figura plana* da qual todos os pontos são equidistantes de um mesmo ponto etc.

16   À vontade.
17   "O amor é ave rebelde que jamais conhece leis", trecho da ópera *Carmen*, do compositor francês Georges Bizet.

Desse modo, que gênero de coisa é, então, o amor?

Será uma *emoção*, considerando que, quando estamos apaixonados, de certa maneira nos emocionamos? Mas a que emoção pertence o amor? Ao *desejo*, talvez, já que amar alguém é desejá-lo. Entretanto, será que o amor não se trata de algo mais durável que uma emoção ou um desejo fugaz? Não se trataria, por exemplo, de um *sentimento*? Se for esse o caso, de qual sentimento? Um bom candidato seria a *preocupação*, pois amar alguém é se preocupar com ele. Outro sentimento candidato, mais próximo do afeto, seria a *alegria*: o amor por outrem seria a alegria que se sente ao pensar nele ou em presença dele. Não será antes o amor uma espécie da *paixão*, já que o sujeito apaixonado é geralmente descrito como cego por seu objeto, escravo de sua inclinação e privado de toda vontade racional? O amor seria, então, uma certa paixão. Porém, poder-se-ia dizer ainda que ele é mais próximo da ação, ou de um motivo de ação, como se pudesse ser avaliado por suas obras, seus resultados. Amar não é *fazer* bem a outrem ou, pelo menos, querer fazê-lo?

De um modo mais geral: a que categoria ontológica, a que grande gênero de ser pertence o amor? Será um *estado* ou, mais precisamente, uma *disposição*, a de um sujeito, o enamorado? Ou será uma *relação* entre dois sujeitos, os amantes? Também aí hesitamos.

Fazemos bem em hesitar, pois esse método por "gênero e diferença" comporta um grande inconveniente. Ele é um excelente modo de exposição de uma definição conhecida, mas é um péssimo modo de busca de uma definição desconhecida. Esse método supõe a questão resolvida. É preciso já saber o que é o amor, ou ter determinado perfeitamente seus contornos, para, então, poder conceber o gênero de ser a que pertence.

Optaremos, assim, por um segundo método, menos exigente. Ele não requer encontrar previamente o gênero próximo, mas apenas determinar as condições necessárias e suficientes do amor. Buscaremos expor claramente o conceito em compreensão (seu sentido), o que deverá permitir delimitar distintamente sua extensão (seu alcance).

## Condições necessárias e suficientes

Consideremos, por exemplo, os dois tipos de definição do amor mais comuns e mais discutidos na "filosofia analítica" contemporânea: a definição *conativa* ou *apelativa* do amor pelas ações que ele nos faz fazer, e a definição *afetiva* do amor pelos sentimentos que ele nos faz experimentar. As duas esbarram em contraexemplos.

Em um sentido amplo, tomemos a definição conativa do amor como uma "preocupação com o bem-estar do amado ou o desejo de agir para sua felicidade"[18]. Essa definição esbarra no fato de que, às vezes, o apaixonado, quando é ciumento, por exemplo, deseja o contrário e age para a perda do amado. Entretanto, ele não deixa de amar. Assim, Hermíone exclama: "Que ele pereça! Assim, não vive para nós"[19].

Ainda em um sentido amplo, tomemos agora a definição afetiva do amor: amar implica

18    Ruwen Ogien, *Philosopher ou faire l'amour, op. cit.*, p. 78.
19    Racine, *Andromaque*, ato v, cena 1, verso 1408.

"experimentar alegria na presença do amado". Aqui também há contraexemplos. Lembremos do casal de *Quem tem medo de Virginia Woolf?*, peça teatral de Edward Albee: quem não conhece amantes que não se suportam mais e não cessam de discutir violentamente? Eles parecem derivar do famoso paradoxo dos *Amores*, de Ovídio: "nem sem ti nem contigo[20]". Porém, eles não deixam de se amar, pois não podem viver nem pensar sem o outro.

As definições conativa e afetiva buscam paradoxalmente delimitar o conceito de amor em sua extensão mais ampla, estendendo-se a todas as formas de amor (e, em primeiro lugar, ao amor parental), contudo, elas deixam escapar casos de amor indiscutíveis no sentido mais estrito, como é o caso do amor do apaixonado. Portanto, essas duas definições não enunciam nem condições necessárias nem condições suficientes.

20 "Sid ego nec sine te nec tecum vivere possum/ Et videor voti nescius esse mei" ("Assim não posso viver nem sem ti nem contigo/ E eu mesmo não sei o que desejo"), Ovídio, *Les Amours*, trad. Henri Bornecque, Paris: Les Belles Lettres, 2002, III, 11, p. 175, versos 39-40.

# Protótipo

Suponhamos que finalmente se encontre uma fórmula perfeita que responda a esta exigência: enunciar todas as propriedades do amor, e apenas elas. Mesmo assim, se poderia criticar em princípio a teoria que subjaz a essa fórmula. Esse tipo de definição funciona muito bem em matemática ou em ciências naturais, em que as conotações de um conceito, isto é, o conjunto das determinações intencionais que constituem sua compreensão ou seu sentido, implicam que sua extensão se aplique igual e identicamente a todos os indivíduos aos quais ela diz respeito: os seres humanos são humanos tanto uns quanto os outros, por exemplo. Ora, esse método fracassa em definir noções ou ideias, mesmo que claras e distintas, mas oriundas das línguas naturais, nas quais a relação entre o conceito e os indivíduos que ele abrange é de intensidade variável ou, se preferirem, contém propriedades que se mostram mais ou menos instanciadas[21]. É o

21    Em linguagem de programação, instanciar é criar a ideia

que se pode reter da noção wittgensteiniana de "ar de família": entre os indivíduos reunidos numa foto de família talvez não haja nenhum caráter comum, mesmo se um se assemelha fortemente a outro por determinado traço que, por sua vez, se assemelha a um terceiro por outro traço, o mesmo que aquele pelo qual ele se assemelha um pouco menos a um quarto; no entanto, todos parecem aparentados.

Segundo Wittgenstein:

> Eu não saberia caracterizar melhor essas semelhanças que pela expressão ar de família; pois é dessa forma que as diferentes semelhanças que existem entre os membros de uma mesma família (conformação física, traços do rosto, cor dos olhos, andar, temperamento etc.) se sobrepõem e se entrecruzam[22].

de um objeto para poder construir a classe a que ele pertence. [N.T.]

22  Ludwig Wittgenstein, *Recherches philosophiques*. Paris: Gallimard, 2004, parágrafo 67.

Ainda de acordo com Wittgenstein, é o que acontece com a noção de "jogo" ou a de "número". Talvez ocorra do mesmo modo com os diferentes amores dos enamorados: eles são mais ou menos aparentados sem ter nada de comum entre si.

Essa teoria filosófica da referência pode receber uma confirmação indireta dos trabalhos de psicologia cognitiva de Eleanor Rosh sobre a categorização natural[23]. Quando aprendemos a categorizar as coisas, não seguimos "pelas beiradas". Não nos perguntamos, por exemplo, "quais são, em extensão, todas as coisas que podemos chamar de 'animal'" nem "quais são, em compreensão, todos os traços comuns e próprios aos animais". Aprendemos a lidar com a noção de animal "pelo centro". Se nos pedem para citar um animal, dizemos mais facilmente "cachorro" ou "vaca" do que "carpa" ou "formiga", mesmo que saibamos bem que a carpa e a formiga são animais. Além disso, a maçã nos parece mais uma fruta do que o tomate ou o abacate e mais ainda

23    Eleanor Rosh, "Natural categories", *Cognitive Psychology*, n. 4, 1973, pp. 328-350.

que a castanha, a oliva ou o fruto da faia. Portanto, é como se algo pudesse ser mais ou menos "fruta" conforme nos aproximamos ou nos afastamos do centro prototípico dessa noção, que reúne o maior número de traços característicos da fruta segundo o uso que fazemos dela na língua natural: certamente uma fruta é "a parte de uma planta produzida após a floração", mas também é com frequência um alimento, e este geralmente tem um sabor açucarado, costuma ser consumido cru etc. No centro da noção há o protótipo, a maçã ou a laranja, que possui todas as características. Mas uma definição do protótipo sempre esbarrará em contraexemplos, pois muitas frutas não se comem, não têm sabor açucarado, são consumidas exclusivamente cozidas etc. São frutas, mas nos parecem "menos frutas".

Assim, os contraexemplos não permitem refutar a definição de um conceito se entendemos esse conceito como o conjunto de traços característicos reunidos pelo protótipo – mesmo que alguns desses traços estejam ausentes nos casos marginais, essa ausência não os faz deixar de ser abrangidos pelo conceito.

## Rumo a um método ideal

Buscamos, assim, um método de definição do amor que leve em conta as duas lições da teoria do protótipo na categorização natural: a lição negativa – um contraexemplo não pode valer contra uma fórmula que se aplica "na maioria das vezes", mas não sempre – e a lição positiva – há algo mais e algo menos no amor, como ocorre no caso das frutas.

Mais especificamente, há no amor algo mais e algo menos de duas espécies: uma intensidade da coisa em si – pode-se amar com mais ou menos força, o que não gera nenhum problema em particular – e uma intensidade da realização do conceito. Assim, determinado amor seria mais afastado do protótipo se menos traços característicos possui. Do mesmo modo que a castanha nos parece menos fruta que a maçã, o amor do ciumento que deseja fazer mal ao amado nos parece mais distante do protótipo que o amor daquele que deseja fazer o bem ao amado (por mais que o ciumento ame indiscutivelmente). O amor neurótico dos amantes que não suportam a presença do outro é menos típico que aquele no qual o amante sente alegria na presença do amado. Diante disso, o que nos resta é enumerar as características do amor prototípico para então definir todos os amores possíveis à proporção de seu afastamento do centro do alvo. Para retomar os exemplos já dados, poderíamos nos contentar em unir as duas fórmulas e declarar que a boa definição do amor seria algo como "o desejo de fazer o bem ao amado e a alegria experimentada em sua presença", admitindo que há casos em que uma dessas condições, ou até mesmo as duas, não é cumprida. Seria essa uma boa definição do amor?

A resposta é não, pois tal solução apresenta três inconvenientes capazes de anulá-la.

A fórmula resultante é insatisfatória mesmo em relação às exigências da abordagem por protótipo. Há casos em que nenhuma das duas condições é reunida, no entanto, mesmo assim, nos parece que neles realmente há amor. Os grandes apaixonados ciumentos, como Atalide ou Otelo, sentem apenas sofrimento à visão do ser amado e desejam ardentemente sua perdição.

Não pude conceber sem horror, é verdade,
Que Bajazet vivesse e não fosse mais meu,
confessa Atalide[24].

Depois de matar Desdêmona e pouco antes de se suicidar, Otelo, mais apaixonado do que nunca, se dirige a seus homens: "Vocês deverão falar de um homem que amou sem sabedoria, mas que amou demais![25]".

Tal definição se aplica a todas as formas de amor – em primeiro lugar, talvez, ao amor materno ou paterno –, mas fracassa em caracterizar a forma que está em questão, o amor do amante.

O problema é ainda mais grave. Supondo que finalmente encontremos uma fórmula perfeita que reúna os caracteres típicos do amor, mesmo assim poderíamos criticar a teoria subjacente, e

24    "Il est vrai je n'ai pu concevoir sans effroi/ Que Bajazet pût vivre et n'être plus à moi/ avoue Atalide". Jean Racine, *Bajazet*, ato II, cena 5, versos 683-684
25    "Speak of me as I am; nothing extenuate,/ Nor set down aught in malice: *then, must you speak/ Of one that lov'd not wisely but too well* [...]". Willian Shakespeare, *Othello*, ato V, cena 2, versos 398-400.

por razões simétricas das que se opunham ao método por condições necessárias e suficientes. De fato, se se admite o princípio segundo o qual é (ainda) amor tudo o que se afasta do protótipo, até onde se pode ir? Quanto às frutas, por exemplo, não há problema, pois o bom uso da noção é limitado pelo sentido mais amplo, a definição "científica" da fruta, a parte de uma planta produzida após a floração. Mas quanto ao amor? Qualquer coisa, qualquer sentimento ou preocupação, até mesmo a indiferença, poderia ser dito (mais ou menos) amor! "No limite", como se diz... Só que não há mais limite! Logo, não há mais definição, se esta for entendida como a clara delimitação de um conceito que permite dizer que o amor é isso.

Dispomos de dois métodos e ambos são infrutíferos. O método por condições necessárias e suficientes é muito exigente e é refutado pelo menor contraexemplo atípico. O método por protótipo, por sua vez, é muito indulgente e não permite delimitar com clareza o que está ou não no conceito, logo, não sabemos mais do que estamos falando. No primeiro, a superfície é plana e se aplica igualmente a todos os casos.

No segundo, o centro é claro, mas as bordas não são nítidas.

Desse modo, precisamos de um método que reúna as vantagens e evite os inconvenientes dos dois métodos anteriores: que seja tão liberal quanto a abordagem por círculos concêntricos em torno de um protótipo e tão rigoroso quanto as definições clássicas. Isso parece difícil. Seria o amor, então, indefinível?

# Os componentes

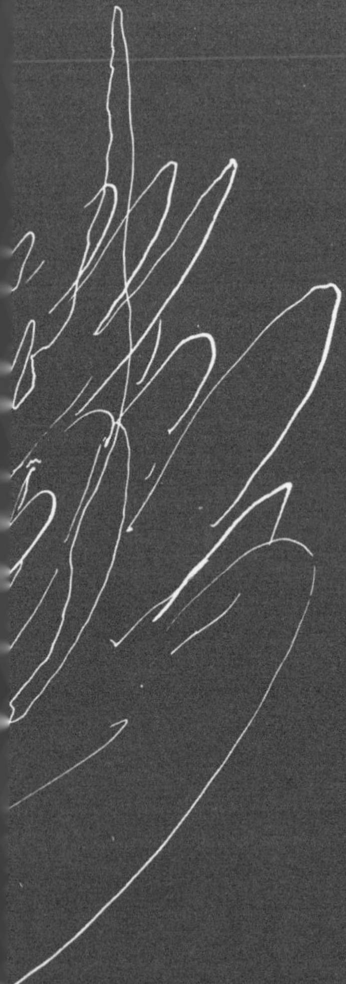

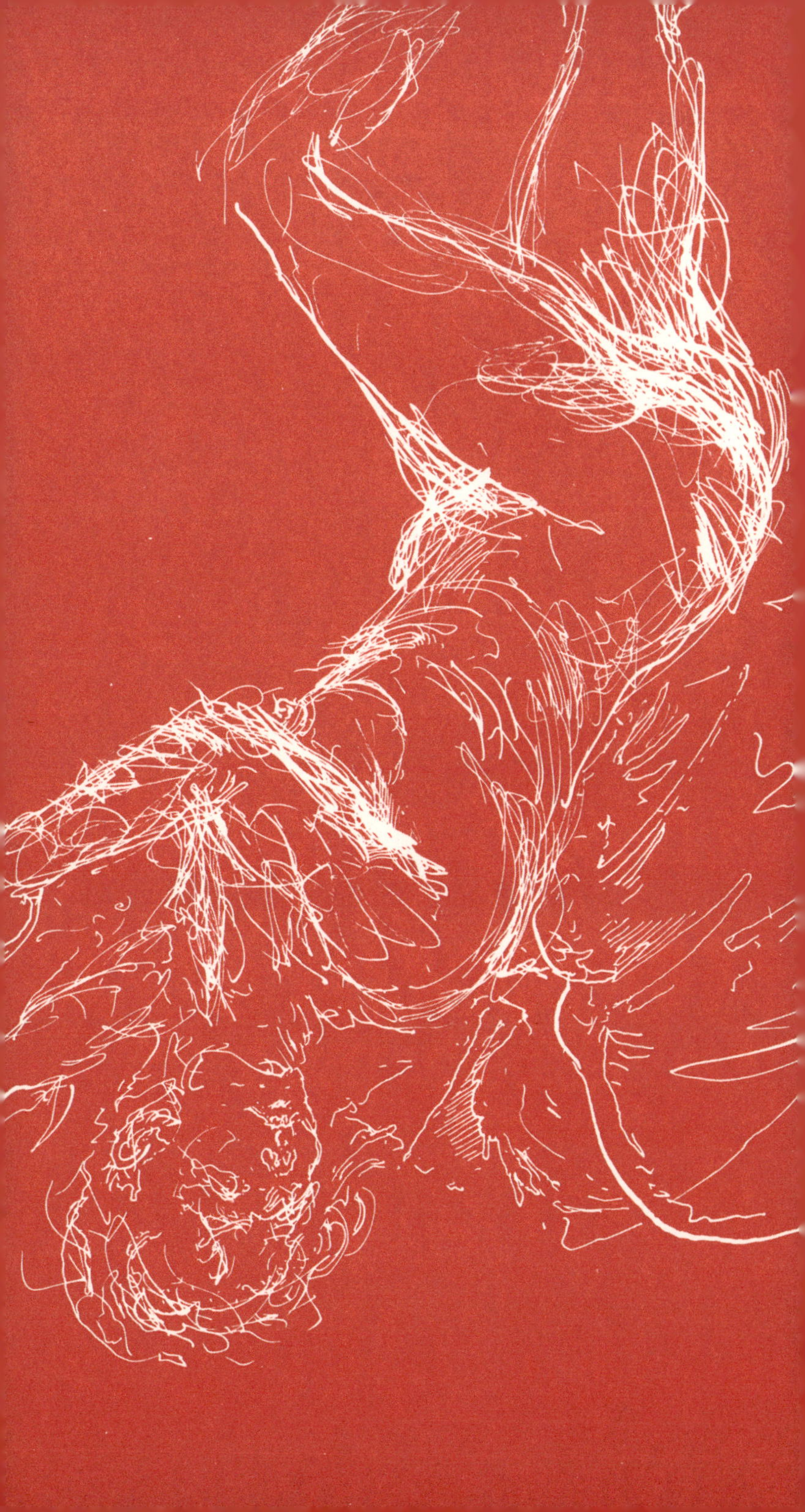

Não há protótipo do amor que permita aplicar um método por círculos concêntricos. Em contrapartida, há três traços definicionais do amor. Eles não podem desempenhar o papel de centro, mas podem servir de demarcações e de tendências características. São os seguintes: amizade, desejo e paixão. Nenhuma dessas demarcações pode assumir uma função de protótipo, já que o amor não é justamente nem a amizade, nem o simples desejo, nem qualquer paixão. Essas demarcações são, portanto, *externas* ao conceito de amor. Pela mesma razão, nenhuma dessas características pode desempenhar o papel de gênero do qual o amor seria uma espécie. Em troca, amizade, desejo e paixão podem constituir tendências *internas* ao amor. A fim de distingui-las das demarcações externas homônimas, que não são o amor, chamaremos essas tendências de "amical", "desejante" e "passional".

## A investigação dos componentes

Em uma primeira análise, poder-se-ia dizer ou acreditar que o amor é uma espécie de amizade à qual se acrescenta outro componente essencial, o desejo. Mas o que deve o amor à amizade? O que ele *pode* ter de amical? São três os traços que caracterizam a amizade desde Aristóteles, pelo menos a amizade "perfeita", pois, assim como nas frutas e nos amores, também há algo mais e algo menos na amizade.

O primeiro traço é que a amizade é uma relação *eletiva* a outrem, a tal pessoa por ser quem ela é. A amizade é uma relação singular com o amigo enquanto ele é esse amigo, como o amor é uma relação com o eleito, com ele e não com outro. A amizade e o amor se opõem tanto às relações singulares *não escolhidas* (o colega de classe, o colega de trabalho, o vizinho de apartamento etc.) quanto àquelas relações *universais* em que não se deve "excetuar ninguém": a caridade supostamente nos impõe tratar todos os outros da mesma forma (com o mesmo "amor"); e a justiça nos impõe tratá-los conforme o que eles são ou o que fazem – pois toda fórmula de justiça equivale a: "a cada um conforme seu $x$" (virtude, mérito, trabalho, participação na comunidade etc.). Mas nem o amor nem a amizade nos impõem o que quer que seja: não são deveres nem, certamente, virtudes. Não são nem caritativos nem justos. São, na verdade, injustos. Tudo opõe a amizade e a justiça[1]. Tratar alguém como amigo é ser injusto com os outros – é favoritismo –, e tratar o amigo como um sujeito qualquer é trair sua amizade. Daí tantos conflitos de deveres: devo ao amigo (ao amado) por ser quem ele é ou devo a todos igualmente? De um lado, a acusação de parcialidade, de outro, o risco de deslealdade.

---

[1] Cabe observar que, numa ética das virtudes como a de Aristóteles, centrada inteiramente na questão "como posso ser um ser humano perfeitamente realizado?", e não na questão moderna "como devo tratar outrem?", duas "virtudes" merecem um tratamento especial, aquelas– únicas– que colocam o homem realizado em relação com outrem: a amizade (livros VIII e IX da *Ética a Nicômaco*) e a justiça (livro V da *Ética a Nicômaco*).

Mas o amigo não é o vizinho (com quem troco bons-dias e boas-noites), nem o concidadão (com quem devo ser justo), nem o próximo (com quem devo ser caridoso). Ele não é um sujeito qualquer. Eu o escolho, nós nos escolhemos. É um "outro eu mesmo", segundo a bela fórmula de Aristóteles[2] que, infelizmente, virou clichê. Isso não significa em absoluto alguém que se assemelha a mim. O amigo é antes aquele que me ajuda a ser como eu sou. Ao confiar-me a ele, eu compreendo o que sinto. Ele me permite não mais colar-me imediatamente no que vivo, penso e faço, mas *tomar consciência* de que vivo, isto é, de que penso e faço, ao compartilhar isso com ele. Seu olhar é a mediação reflexiva entre mim e mim-mesmo. Na *Magna Moralia*, de Aristóteles, lê-se: "Assim como, quando queremos ver nosso rosto, o vemos ao olhar num espelho, assim também,

---

2    Essa definição do amigo como "outro si-mesmo" tinha um sentido preciso em Aristóteles (ver Ética a *Nicômaco*, IX, 4, 1166a 32; IX, 9, 1169b 6 e 1170b 6), que procurei esclarecer em "L'homme heureux a-t-il des amis?", *Penser avec les Anciens*, cap. 5, Paris: Pluriel, 2016.

quando queremos nos conhecer, nos conhecemos ao olhar num amigo"[3].

> Bem-aventurada de ser conhecida, melhor que por ela mesma conhecida, zombada e louvada por esse irmão da alma, o único no mundo que a conhecia, e era isso o amor adorável[4].

Geralmente, mas nem sempre, ocorre o mesmo com o amado, já que quem ama não faz seu o mundo subjetivo do amado? Não valoriza a diferença do amado em relação a qualquer outro? Por um lado, ele absolutiza a diferença do amado consigo mesmo (ele é diferente de mim), por outro, projeta-se nele para abolir toda diferença (ele é como eu, ele me compreende, sou como ele, eu o compreendo). O amado é, a uma só vez, completamente outro e perfeitamente o mesmo.

> Maravilha de compartilhar tudo com ele, fazer-lhe a oferenda do mais secreto... Mara-

---

3    Aristóteles, *Grande Morale*, II, 15, 1213a 20-26.
4    Albert Cohen, *Belle du Seigneur*, Paris: Gallimard, p. 442.

vilha de sentir seu irmão de alma que compreendia tudo dela, melhor que ela mesma o compreendia. Sim, maravilha de serem assim irmão e irmã, e de rirem juntos.

Ela lhe dizia as músicas que amava [...], tranquilizada se ele também as amasse [...]. Se não amasse, ela as amava menos, as achava menos belas, percebia que ele tinha razão[5].

Até aqui, não temos nada que diferencie essencialmente o amado do amigo.

O segundo traço que o amor compartilha – geralmente, mas nem sempre – com a amizade é que tanto o amigo como o enamorado sentem alegria na companhia do amigo ou do amado. Eles compartilham impressões fugazes ou convicções profundas, momentos de exaltação ou de dúvida, pequenas felicidades ou grandes infelicidades. "Eram alegres e amigos, rindo por nada"[6]. Como fariam com presentes, eles trocam confidências sobre

5      *Ibidem*, p. 481.
6      *Ibidem*, p. 486.

si mesmos ou sobre os outros (falam em voz baixa em meio aos outros para se isolarem): é o caso, por exemplo, das amizades estabelecidas ou dos amores nascentes.

Ó alegrias, todas as alegrias, alegria de estarem sós, alegria também de estarem com outros, essa alegria cúmplice de se olharem diante dos outros e de se saberem amantes diante de outros que não sabiam[7]...

Barthes afirma: "Toda curiosidade intensa por um ser encontrado vale, em suma, como amor"[8]. Poderíamos retificar essa afirmação: "Toda curiosidade intensa por um ser bem conhecido vale como amizade".

Amizade e amor são, enfim, motivos de ação: o amigo e o enamorado se preocupam com o amigo ou o amado por ele mesmo, e se esforçam por lhe fazer o bem, ajudá-lo, socorrê-lo,

---

7     *Ibidem*, p. 464.
8     Roland Barthes, *Fragments d'un discours amoureux*, Paris: Seuil, 1977, p. 234.

assisti-lo, consolá-lo. Como diz Aristóteles: "Amar alguém é desejar-lhe o que se considera como bens, para ele mesmo e não para nós, é também estar inclinado a fazer esses bens na medida do possível"[9]. Isso é verdadeiro tanto para o amado quanto para o amigo.

Ela queria sair, ir lá em cima, no seu quarto, pegar os presentes e trazê-los a ele, mas, como deixá-lo, deixar esses olhos, esses lábios escuros?[10]

*Ama-se* ele, o que implica que se *quer* o bem dele e que se *age* para lhe fazer o bem, não para si, mas para *ele*. São essas, penso eu, as obras comuns da amizade e (geralmente, mas nem sempre) do amor.

No entanto o enamorado difere evidentemente do amigo num ponto essencial: o desejo – físico, carnal, sexual.

9      Aristóteles, *Retórica*, II, 4, 1380b, 36-37.
10    Albert Cohen, *Belle du Seigneur, op. cit.*, p. 457.

O enamorado deseja tocar o amado, beijar seu rosto ou suas mãos, apertá-lo nos braços, estreitá-lo, acariciá-lo e, no final das contas, *"fazer* amor" com ele – como diz essa feliz expressão. Não há amor sem eros (na maioria das vezes).

Longas noites balbuciantes, retornos incessantes do desejo, enlaçamentos, secretos murmúrios, choques rápidos e fortes, furores latejantes[11]...

Uma amizade sem desejo nada tem de amor, é uma amizade. Do mesmo modo, um desejo sem amizade é um desejo, nada mais. É possível desejar violentamente um desconhecido ou uma pessoa que se detesta ou que se despreza. Há transas agradáveis e corriqueiras ou "amizades coloridas" que ninguém chamaria de "amor". Há também os crimes de estupro, que configuram uma indiscutível manifestação do desejo sexual, especialmente masculino, mas

11      *Ibidem,* p. 485.

que são a total negação do amor. O amor, portanto, tem uma dimensão amical ou desejante,
mas amizade e desejo continuam sendo demarcações externas ao amor.

Tal dimensão se configuraria como uma espécie de amizade desejante ou de desejo amical.

É possível ainda fazer uma objeção evidente a
essa análise do amor: falta um terceiro componente essencial, a paixão.

Definamos a paixão como um estado
afetivo intenso focado numa coisa (o dinheiro,
os carros, a música), numa atividade (o jogo,
a paquera, o futebol) ou numa pessoa – no
caso, trata-se de uma pessoa –, que se apo-
dera do espírito de um sujeito a despeito de
sua vontade e de sua razão. *"Tá* maluco!", dizem (a expressão é coloquial, mas apropriada).
A paixão, porém, não é apenas alienante: ela
colore todo o estado de alma e realça toda a
emoção. Ela orienta os pensamentos e determina os atos mais esdrúxulos ou mais exaltan-
tes. Torna lúcido, hiperlúcido, completamente
cego. Mede-se no espaço e no tempo. Mede-se

até mesmo em "quilômetros por hora". Quantos quilômetros devo percorrer para encontrar o objeto da minha paixão em uma hora? Quantas horas por dia me ocupo em pensar nele? Por quanto tempo posso esperar uma resposta pelo correio ou pelo celular? O domínio do outro se mede ora por sua presença, ora por sua ausência. Dizia ela então ao ausente: "Você vê, meu querido, mesmo quando não penso em você, algo em mim pensa em você"[12]. A paixão invade, atormenta, devora suas alegres vítimas. Se o amigo é um outro eu-mesmo, a paixão é o inverso: é o "eu enquanto outro". Como disse Alain, "a paixão sou eu, e é mais forte que eu"[13]. Nela, nos reconhecemos como um estranho.

Mas também se notará aí que a paixão por uma pessoa não é, por si só, o amor: pode-se *odiar* apaixonadamente alguém até a ideia fixa (pensemos nos grandes odiosos, como

12    *Ibidem*, p. 470.
13    Alain (Émile-Auguste Chartier), "vi. Des passions", 9 de maio de 1911, *Propos sur le bonheur*, s. l.

as Medeia, os Nero) ou *invejá-lo* apaixonadamente até a obsessão (pensemos na prima
Bette, de Balzac), e tudo isso sem que haja
o menor componente amical ou desejante. É
preciso, pois, que a paixão se tinja de amizade
ou de desejo para que se fale de amor. Há algo
de passional no amor, mas a paixão não é o
amor, é uma demarcação externa dele.

Assim, o amor se distingue (e chega até
mesmo a se opor) afetiva ou conativamente
a cada um dos três componentes tomados à
parte (amizade, desejo, paixão); contudo, ele
resulta da fusão dessas tendências.

Teríamos, então, um triângulo do amor que
se apresenta com três demarcações externas às
quais correspondem três tendências internas.

PAIXÃO

passional

amical    desejante

AMIZADE                    DESEJO

# Regras para a definição do amor

*Primeira consequência.* Conceitualmente, o amor completo é a soma algébrica das três tendências. O protótipo é o centro do triângulo – por exemplo ou convenção, Solal e Ariane em *Belle du Seigneur*, de Albert Cohen[14] (pelo menos em sua fase solar[15], pois eles também têm sua história). É claro que um amor conceitualmente completo pode ser muito insatisfatório: ele pode ser banal, entusiástico ou dramático, o que não vem ao caso. Ademais, um amor pode ser conceitualmente completo e de intensidade forte ou fraca, o que tampouco vem ao caso: sua posição geográfica no triângulo define sua qualidade, e não sua quantidade. Há

---

14   A edição brasileira dessa obra foi publicada nos anos 1980. Cf. Albert Cohen, *Bela do Senhor*, trad. Aulyde Soares Rodrigues, Rio de Janeiro: Nova Fronteira, 1985. [N.T.]

15   É a fase que constitui a terceira parte do romance (capítulos 38 a 52), que corresponde ao período entre junho e agosto de 1935. O casal também atravessa momentos de inimizade ou excessivamente passionais.

namoricos, por sua vez, completos: um pouco de afeição, um pouco de sexo e até mesmo uma pequena chama. Há "grandes amores" desequilibrados de um lado ou de outro: excesso de alienação passional, excesso de dependência sexual ou excesso de apego amical.

*Segunda consequência.* A variabilidade infinita das formas de amor se explica pela variabilidade quantitativa e qualitativa dos três componentes. Assim, todo amor singular, num dado momento, tem seu lugar único no triângulo como num novo mapa do Terno[16]. Há amores mais amicais, mais desejantes ou mais passionais, e neles os outros dois componentes aparecem mais ou menos apagados.

Quando nos aproximamos do amor amical, temos amores tranquilos, geralmente compartilhados, no estilo do de Paulo e Virgínia[17] antes de sua separação forçada.

16 País imaginário concebido por Madeleine de Scudéry no século XVII. Nele, são representadas alegoricamente as diferentes etapas da vida amorosa. [N.T.]

17 Personagens do romance *Paulo e Virgínia* (*Paul et Virginie*, 1788), do escritor Bernardin de Saint-Pierre. [N.T.]

Quando nos aproximamos do amor passional, temos amores exaltados, dilacerados, geralmente associados à loucura ou à revolta da juventude, como o de Romeu e Julieta.

Quando nos aproximamos do amor desejante, temos amores violentamente carnais, geralmente associais – e relacionados na literatura ao adultério e à transgressão das normas, como é o caso de Tristão e Isolda, que se tornam corpos inseparáveis após a absorção da poção, do filtro do amor.

Cada uma dessas tendências é, para cada amor, seu ponto de fragilidade. Ao ser mais amical, ele chega suavemente ao afeto ("continuamos amigos", "este é o meu 'ex'"). Ao ser mais passional, ele não cessa de acabar, já terminado e sempre interminável, oscilando do "nem contigo" ao "nem sem ti". Ao ser mais carnal, termina por vezes devido a um lúcido cansaço: "afinal, ele/ela não era o meu tipo".

No entanto, não essencializemos! Os amores não cessam de evoluir. São histórias. Um percurso bastante banal vai do desejante (amor à primeira vista) ao passional (monomania) para acabar mais perto do amical (o casal instalado). Mas qualquer outro itinerário é possível: o caso pode começar por camaradagem, passar rapidamente ao sexo, para com o tempo se tornar exclusivo e atormentado. Há muitos caminhos no mapa do Terno, muitos que conduzem a ele ou que partem dele. Cada história é uma viagem *à la carte* no território do amor: que começa fora do mapa, mais próximo de um

Novo mapa do Terno

de seus polos, para terminar às vezes perto de outro, no mapa ou fora dele. Cada relação amorosa se inscreve em duas histórias, conforme o percurso de cada um, amante ou amado, enamorado ou não: linhas ora confusas, ora afastadas, mas geralmente distintas.

Um só componente, a amizade, o desejo, a paixão, não é o amor. Três componentes, qualquer que seja a proporção de cada um, é o caso geral e típico. Dois componentes pelo menos são necessários para a definição, mas podem, em casos particulares, se mostrar insuficientes, tendendo o terceiro a se anular assintoticamente. É o caso dos "amores conceitualmente imperfeitos", ou defectivos, o que não altera sua qualidade nem diminui sua intensidade.

## As fronteiras do mapa

Haveria então três tipos de amores defectivos: o amor sem amizade, o amor sem paixão e o amor sem desejo.

Será que se pode falar de amor quando há desejante e passional, mas nada de amical, ou seja, nenhum dos traços da amizade (aquele outro si, cuja presença alegra e a quem se busca fazer o bem)? É o que tendem a mostrar as tragédias clássicas como *Fedra*, de Racine, ou contemporâneas, como o filme *O império dos sentidos*, de Nagisa Oshima. Esses dois exemplos poderiam constituir duas figuras simétricas na fronteira oriental do mapa: o erotismo passional ou a paixão erótica. Em *O império dos sentidos*, a dependência erótica de Sada e Kichizo os faz cair progressivamente numa loucura sem benevolência. O drama termina pelo assassinato e a castração ritual de Kichizo por Sada, que escreve com seu sangue no peito do amante: "Sada e Kichizo, agora unidos". Não há mais um "outro si-mesmo", há somente o mesmo e o Um no erotismo passional.

Simetricamente, Fedra é a paixão erótica. Amar não é ser amigo de um outro si-mesmo, é ser inimigo de si mesmo por causa de um outro. Não há nenhuma alegria à presença do amado, somente o horror de amar.

Desejo:

Meus olhos não viam mais, não pude falar,
Senti todo o meu corpo arder e enregelar.
Reconheci a terrível chama de Vênus[18].


Paixão:

Amo. Não penses que no momento em que
    te amo
Eu aprove a mim mesma, inocente aos meus
    olhos,
Nem que a minha lassa complacência alimente
O veneno do amor que me turva a razão[19].

75


18    "Mes yeux ne voyaient plus, je ne pouvais parler,/ Je
sentis tout mon corps et transir, et brûler./ Je reconnus
Vénus, et ses feux redoutables". Racine, *Phèdre*, versos
275-277.

19    "J'aime. Ne pense pas qu'au moment que je t'aime,/ In-
nocente à mes yeux je m'approuve moi-même,/ Ni que
du fol amour qui trouble ma raison/ Ma lâche complai-
sance ait nourri le poison". *Ibidem*, versos 673-676.

Nada de amical:

> Foi pouco fugir de ti, cruel, te expulsei.
> Quis que me julgasses rancorosa, inumana.
> Para melhor te resistir busquei teu ódio.
> De que me valeram meus inúteis cuidados?
> Quanto mais tu me odiavas, mais eu te amava[20].

O erotismo louco e a loucura erotizada se abstêm, na maioria das vezes, das manifestações ordinárias da amizade (alegria da presença do amigo e desejo de lhe fazer o bem). Eles podem mesmo se realizar por seus contrários: nenhuma benevolência para com o amado, mas agressividade; nenhuma alegria em vê-lo, mas tensão, sofrimento ou angústia.

Um amor imperfeito do segundo tipo seria o sem desejo. Ele marcaria a fronteira ocidental do mapa. Nele se distinguiriam, *a priori*,

[20] "C'est peu de t'avoir fui, cruel, je t'ai chassé./ J'ai voulu te paraître odieuse, inhumaine./ Pour mieux te résister, j'ai recherché ta haine./ De quoi m'ont profité mes inutiles soins?/ Tu me haïssais plus, je ne t'aimais pas moins". *Ibidem*, versos 684-688.

duas figuras: a falta ou a saciedade. A inércia do desejo ou seu esgotamento. A saciedade é a dos velhos amantes que vivem uma afeição fusional da qual o eros se apaziguou e na qual o amical não se distingue mais do passional que neles se incrustou: o "si" e o "outro" do ou-tro si-mesmo se misturam sob o efeito de uma paixão imemorial, cada um pensando para si mesmo e pelo outro, vivendo por ele mesmo e para o outro, enquanto o desejo propriamente sexual suavemente se dissipou. A carne de um está cansada do outro. Os espíritos se tornaram quase um só, os corpos, doravante, são dois.

Essa figura do "não mais" tem como par simétrico a do "ainda não". É o caso, se existe, do "amor platônico"[21]: um amor que não se aventurou a se exprimir numa atração carnal. Dir-se-á, nesse caso, que o desejo é "sublimado" ou que é "recalcado". Seja como for, uma ami-zade apaixonada ou mesmo passional não cessa de atrair o amante para o amado. Exem-

21    Segundo a expressão de Marsílio Ficino, filósofo do humanismo italiano do século XV.

plos dessa amizade devoradora, mas sem desejo sexual explícito, consciente ou assumido, estariam naquelas relações ditas outrora "particulares", com tendência homossexual, como a que ligou Friedrich Nietzsche a Richard Wagner durante sete anos. Isso se acreditarmos em Elisabeth Förster, irmã de Nietzsche, que escreve a esse respeito:

> Não compreendo, disse meu irmão [um dia, a um de seus jovens discípulos], a mania que leva os romancistas a tomar sempre como único tema de suas histórias o amor, um tema que se tornou enfadonho de tanto ser usado! "Mas – respondeu o jovem –, não será porque o amor é a única paixão que gera tantos conflitos, e tão trágicos?". Ao que meu irmão exclamou, com uma vivacidade muito particular: "Que erro! A amizade, por exemplo, produz nas almas os mesmos conflitos e num grau infinitamente mais alto. É primeiro a atração recíproca, fundada na impressão de uma comunhão de pensamentos, depois a felicidade de se sentirem um ao outro, e a

admiração e a adoração mútuas; depois, é por um lado a desconfiança, por outro uma dúvida crescente sobre o valor do amigo; é a certeza de que deverão se separar, e no entanto o temor de não poder suportar a separação; sem contar mil outros tormentos que não consigo dizer[22].

Como cantava Juliette Gréco: "Si ce n'est pas l'amour, Dieu que ça lui ressemble!"[23].

Do mesmo modo, não se poderá chamar de amor uma fusão do desejante e do amical, mas sem paixão? É a fronteira meridional do mapa. Há muita intimidade, como convém entre amigos, e relações sexuais, como convém entre amantes, mas sem obsessão, sem posse, eventualmente até sem exclusividade. Assim,

22    *Das Leben Friedrich Nietzsche's*, por Elisabeth Förster Nietzsche, tomo II, primeira parte, Leipzig, 1897, *apud* Théodore de Wyzewa em "L'amitié de Frédéric Nietzsche et de Richard Wagner", *Revue des deux mondes*, tomo 14, 1897, disponível em: <https://goo.gl/RkYnAi>, acesso em: nov. 2017 (conteúdo em francês).
23    "Se isso não é amor, meu Deus, como se parece!".

passa-se às vezes da amizade ("é um companheiro") ao amor ("é o meu companheiro"), o
que pode ou não se tingir, conforme o caso, de
uma vivacidade que raramente chega ao ardor. Nas aventuras pós-1968, como as narradas
em *O declínio do império americano* (Denys
Arcand, 1986) ou a que relata o bonito *A três va-
mos lá* (Jérôme Bonnell, 2015), ou nos namoricos estáveis que podem às vezes resultar numa
vida comum, há duas figuras simétricas: a amizade carnal ou a libertinagem cúmplice. Na primeira, temos o esforço de unir a estabilidade da
amizade aos prazeres inocentes do gozo compartilhado, como nos *sexfriends*, na amizade
colorida, nos *friends with benefits*; na segunda,
temos a íntima conivência de libertinos em
busca contínua de novas experiências sexuais[24],

24    Nem toda libertinagem cúmplice está necessariamente
      na fronteira do mapa. Para isso, tem de haver a conjun-
      ção do desejo e da amizade – sem paixão. As comple-
      xas relações entre a marquesa de Merteuil e o visconde
      de Valmont na obra *As ligações perigosas*, de Choderlos
      de Laclos, entram e saem do mapa ao sabor de seus
      desejos moventes e de sua amizade instável.

como nos romances de Henry Miller. Tudo isso sem paixão, sem ciúme, sem exigência de exclusividade, sem reivindicação nem posse, e podendo ganhar traços de comunidade, sonhos de um trio, antes de se dissolver docemente ou de acabar tragicamente à maneira do filme *Jules e Jim, uma mulher para dois* (François Truffaut, 1961). Essas conjunções in-

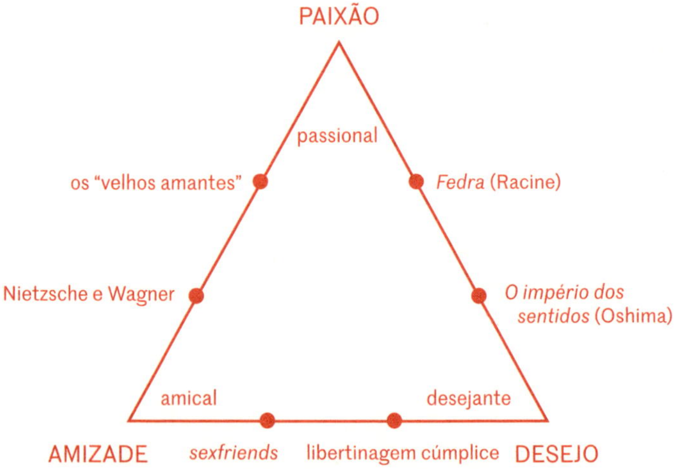

Novo mapa do Terno

completas são amor ou são apenas sua sombra? As questões que se colocam são das que mais empolgam as revistas femininas: pode o desejo conciliar-se com a amizade? Não virá a paixão, seja ela qual for (exaltante, atormentada, cheia de suspeitas), embrenhar-se necessariamente na relação? E isso seria, então, o começo de um amor padrão ou o fim de um amor marginal?

Os vértices do triângulo – amizade, desejo e paixão – são suas demarcações externas, ou seja, não são o amor. Geralmente, há amor quando há fusão, em qualquer proporção que seja, de três tendências, a amical, a desejante e a passional. Nos limites do amor, duas delas se misturam e a terceira parece faltar: os lados do triângulo são as fronteiras ao mesmo tempo internas e externas do mapa do Terno.

Portanto, numa fórmula um pouco prosaica, poderíamos dizer: o amor é a fusão instável, em proporção variável, de pelo menos duas das três tendências centrífugas, a amical, a desejante e a passional.

Nossa definição autoriza uma variação infinita dos amores singulares e responde, assim, à objeção nominalista.

Essa definição tem ainda as vantagens do método por protótipo. Um conceito é mais ou menos instanciado conforme reúne um número maior ou menor de características: é a diferença entre os amores no mapa e os casos marginais. Não há mais contraexemplos: no limite, também podem ser considerados "amores" as aventuras amorosas (ausência de paixão); os amores ditos platônicos, que não são necessariamente amores infelizes (ausência de desejo); os amores patologicamente ciumentos ou perversamente transgressivos marcados pelo sofrimento de amar; e a aversão para com o amado (ausência de amizade).

Como o método por condições necessárias e suficientes, tal definição permite ainda delimitar de maneira clara e distinta o que é amor e o que não é, ou seja, qualquer ponto fora do mapa do Terno ou confundido com um de seus vértices.

———— ————

Definimos, portanto, o amor.

Grande coisa!

No entanto, o exercício talvez não seja tão vão quanto parece, pois essa definição permite explicar algumas propriedades do amor que, sem ela, permaneceriam misteriosas.

———— ————

# Heterogeneidade

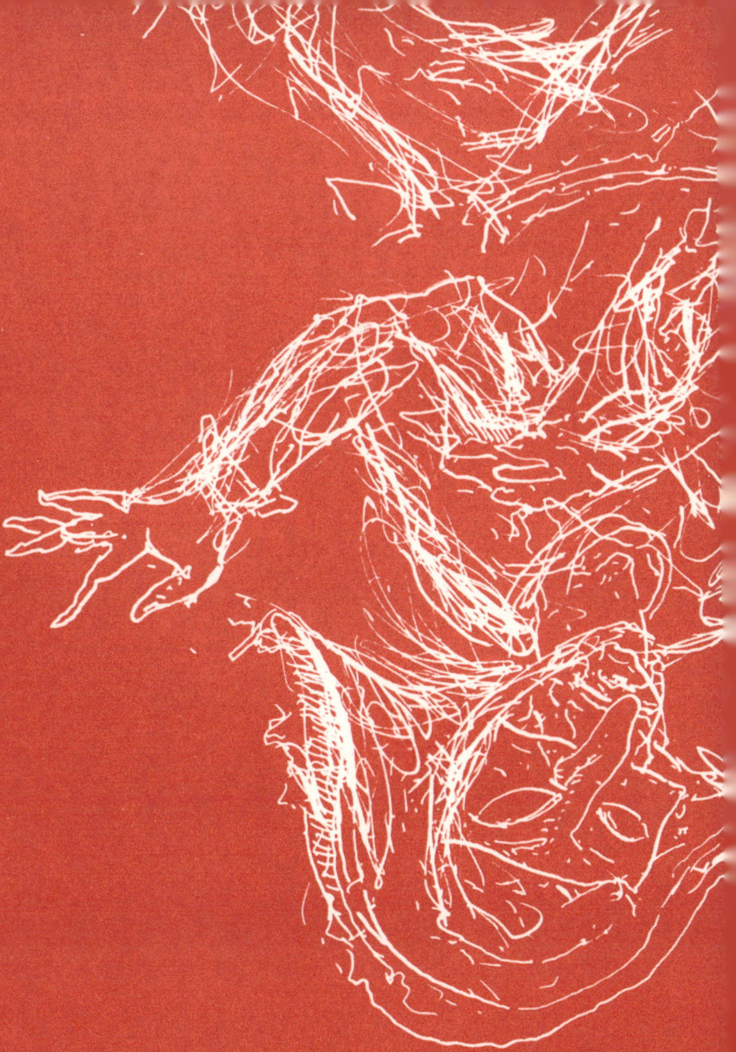

A fórmula amorosa não é uma receita: não basta misturar diversos ingredientes (amizade, desejo, paixão) em certa quantidade para obter o amor. A ideia é antes que, tão logo haja fusão conceitual de um elemento com um ou com os outros dois, o resultado, como num ser vivo ou nas melhores preparações de *pâtisserie*, é uma unidade emergente de um novo tipo, unidade esta na qual os ingredientes iniciais são irreconhecíveis.

Assim, por exemplo, quando a paixão é misturada com o amical ou o desejante a ponto de tornar-se amor, ela deixa de ser apenas uma tensão obsedante que ocupa o espírito do sujeito e altera sua racionalidade: ela se torna, sob o efeito da alegria amical ou da tensão desejante, um estado de alegria profusa que multiplica suas capacidades de agir. É desse modo que se costuma descrever o apaixonado em sua fase inicial.

> Cala-te, estou apaixonada! Claro que ela se sabia idiota, mas era delicioso ser idiota, sozinha, em liberdade[1].

[1]    Albert Cohen, *Belle du Seigneur, op. cit.*, p. 468.

Quanto ao desejo sexual, quando misturado conceitualmente ao amical e ao passional a ponto de virar amoroso, ele se transforma em aspiração insaciável à fusão de dois eus, à união substancial de duas "uniões substanciais" de alma e de corpo. Assim o desejo sexual pode fazer-se ternura, pelo menos quando cessa de ser imperioso. Amoroso, o sexo não é mais a necessidade tirânica de possuir um outro, é desejo amical de unir-se a esse outro que é ele mesmo, como eu, um sujeito de desejo. É fazer um outro todo com o outro eu-mesmo amical. Daí as atenções eróticas canhestras, ou os acanhamentos respeitosos, dos apaixonados iniciantes.

Ó começos, noite dos primeiros beijos [...]. Ele a tomava nos braços e, porque a apertava, ela sentia dor, tão bom sentir dor, ela lhe dizia mais uma vez que era sua mulher[2].

2      *Ibidem*, p. 457.

# Da diferença entre amor
# e amizade

Entretanto, a metamorfose conceitual mais clara diz respeito à amizade. Foi dito que, em uma primeira análise, o amor podia definir-se como amizade desejante ou desejo amical. Isso é verdadeiro se for entendido que se pode encontrar, no amor típico, algumas características da amizade (relação eletiva, alegria da presença do outro e cuidado com esse outro); porém, é falso se for entendido que o amor é uma *espécie* de amizade. A amizade não pode ser o gênero do qual o amor seria uma espécie, e isso se dá por uma razão simples (e de consideráveis consequências): a amizade é, por definição, uma relação recíproca, o amor, por sua vez, é conceitualmente de sentido único.

Você pode querer ser amigo de alguém, mas não pode sê-lo sem que esse amigo também o seja de você (até mesmo no Facebook só se pode ser "amigo" de quem o aceita como "amigo" – embora num sentido bastante degradado do termo). Por outro lado, você pode amar alguém sem que esse alguém o ame de volta. Não há sentido em dizer-se amigo de quem ignora que é seu amigo, mas você pode estar apaixonado por alguém que o ignora, que não está apaixonado por você ou que ama outro. Um amigo sem amigo é uma contradição nos termos, mas um apaixonado não amado é uma situação banal e um dos temas privilegiados tanto da tragédia como da farsa. Aliás, não há termo em amizade que corresponda ao adjetivo "apaixonado". "Nesse sentido, não há amizade infeliz (a infelicidade só chega à amizade do exterior, ou do seu fim)[3]."

A amizade é necessariamente recíproca, mas costuma ser assimétrica: um admira mais o outro, ou confia-se menos nele, ou temos mais necessidade de sua ajuda etc. O amor é às vezes recíproco (os amantes se amam um ao outro) e raramente simétrico (eles se amam de forma parecida). A dúvida sobre a reciprocidade é, desse modo, o éthos, o caráter permanente do

3    André Comte-Sponville, "Amitié", *Dictionnaire philoso-phique*, Paris: PUF, 2013.

amante. "Sou amado?". "Serei amado?". Ele se inquieta: "Ela me ama tanto quanto eu a amo?".

É justamente porque o amor não é recíproco que ele busca constantemente vir a sê-lo. Não há amor sem *desejo* de reciprocidade ("que quem eu amo me ame!"), e se possível simétrico ("que ele me ame tanto como eu o amo!")[4]. O maior esforço do apaixonado é fazer-se amar. Seduzir a qualquer preço não é tarefa apenas dos sedutores: o apaixonado também tem suas armas de conquista, tão sinceras quanto retorcidas. Todo mimo ao amado é, ao mesmo tempo, uma oferta altruísta e uma demanda egoísta de reciprocidade. Todos esses paradoxos são bem analisados por Sartre: "Por que o amante quer ser *amado*? Se o amor fosse puro desejo de posse física, ele poderia ser, em muitos casos, facilmente satisfeito". O narrador de *Em busca do tempo*

---

4   Notemos que, no "amor parental", há desejo de reciprocidade, mas de uma reciprocidade que seja assimétrica: assimetria de condição (pai e filha, por exemplo) e assimetria de deveres (cuidado e educação em troca de reconhecimento e gratidão).

*perdido*, de Marcel Proust, pode ver e possuir a toda hora do dia Albertine, que ele retém prisioneira, no entanto, continua "roído de preocupação". A análise sartriana do paradoxo é conhecida:

> É da liberdade do outro enquanto tal que queremos nos apoderar. E não por vontade de potência: o tirano zomba do amor; contenta-se com o medo [...]. Ao contrário, quem quer ser amado não deseja a submissão do ser amado [...]. Ele não pode possuir um automatismo [...]. Quer possuir uma liberdade como liberdade[5].

Ele pede ao outro não só que o deseje e que o ame – ações que não se impõem, já que não são ações –, pede ainda mais: exige que ele ame e deseje espontaneamente, livremente, afeições essas que não podem ser exigidas sem contradição, já que supõem que se responda a essa

5 Jean-Paul Sartre, *L'Être et le néant*, Paris: Gallimard, 1943, pp. 415-417.

injunção (amar) e, ao mesmo tempo, que não se responda a ela (obedecer).

Mas, como explicar que o amor caia assim nesse "duplo vínculo"? Nossa definição do amor permite compreendê-lo. Ele é a fusão íntima de dois componentes heterogêneos: o desejante e o amical. Desejo *do* outro enquanto outro, e amizade como relação *com* o outro. Do primeiro elemento, o amor herda ser essencialmente de sentido único, mas do segundo herda a aspiração à reciprocidade. Se o amor fosse desejo, ele se contentaria com a posse; no entanto, o amor deseja o outro como outro não subjugado ao desejo que é o meu, mas livre como o amigo; um outro si tão livre quanto o meu e com quem se dialoga e se pode fazer trocas.

A fusão substancial da amizade e do desejo indica que o amante exige do amado uma liberdade que este não pode lhe dar sem contradição; mas ela não basta para compreender que o amante possa querer do outro sua "livre alienação". É que o amante, ele mesmo, vive desse modo e sente seu próprio amor como uma alienação consentida. Isso se explica pelo fato de o amor ser, por definição, uma fusão do passional e do amical. Na maioria das vezes, o amante sente sua paixão pelo outro como uma alienação de sua própria liberdade (já que é uma paixão) e, no entanto, a vive como livremente aceita, pois não vê nela senão o efeito das qualidades e das virtudes do outro (como se fosse um amigo).

Acontece, felizmente, de o amor ser (ou se tornar) recíproco (tranquilizemos, assim, os leitores apaixonados). O amor se torna então o nome de uma *relação* na qual se reencontram, em maior ou menor grau, os três traços da amizade (eleição, alegria e cuidado). Esse é o efeito, às vezes, do jogo infinito da reflexividade entre amor do outro e amor de si: amo ser amado, amo no outro a imagem que ele tem de mim, amo, portanto, quem me ama, amo amá-lo, amo que ele me ame amá-lo etc. Qualquer que seja a origem dessa reciprocidade, quer se enraíze no narcisismo, quer seja fruto de um encontro feliz ou resultado de uma paciente construção, essa relação entre amantes torna-se, então, por algum tempo ou para sempre, aquele amor puro, aquela "arte pela arte do amor", aquela "ilha encantada do amor" descrita por Pierre Bourdieu em páginas impressionantes:

> Mundo fechado e perfeitamente autossuficiente que é o lugar de uma série contínua de milagres: o da não violência, que possibilita a instauração de relações fundadas na plena reciprocidade e que autorizam o abandono e a entrega de si; o do reconhecimento mútuo [...]; o do desapego que torna possíveis relações [...] fundadas na felicidade de dar felicidade, de encontrar no maravilhamento do outro, especialmente diante do maravilhamento que ele suscita, razões inesgotáveis de se maravilhar[6].

6    Pierre Bourdieu, "*Post-scriptum* sur la domination et l'amour", *La Domination masculine*, Paris: Seuil, 1998, pp. 116 ss.

Essas bem-aventuradas aventuras do coração, ou essas planícies do casal instalado, não produzem boas histórias de amor. Ao contrário, é aí que os romances acabam: "E eles se casaram etc.". As histórias exigem, antes, a não reciprocidade e a assimetria estrutural ou a dinâmica do "sentimento amoroso", mais propício às peripécias e reviravoltas: você ama quem não o ama ou ainda não o ama, ou você não ama quem o ama, ou deixa de amar quem ainda o ama, ou ama quem lhe é impossível de amar ou que não o ama como você o ama etc.

## Consequências éticas

Dos três componentes do amor, somente o amical é essencialmente recíproco. Os outros dois só podem sê-lo por acidente (certamente um acidente feliz). Consequência: há uma ética da amizade, ou seja, a lealdade. Trair um amigo é romper o contrato moral implícito da amizade, já que esta se confunde com a relação mesma. Aliás, cada um sente que a traição de um amigo é a pior de todas. Assim, se perdoará mais facilmente ao amado que ao amigo, pois se pode continuar amando o infiel, ao passo que não se pode mais ser amigo do desleal.

Em troca, não há ética do amor. Há virtudes, certamente, mas não uma norma. Sendo o amor uma relação apenas acidental, não se pode ser infiel ou desleal para com o amado enquanto amado. Claro que se pode trair compromissos em relação a quem quer que seja, inclusive ao amado. Essa é sempre uma conduta odiosa, ainda mais quando fere ou ofende. Mas, no amor em si, nada obriga o amante enquanto amante, a não ser justamente a dimensão amical do amor que força o amante à lealdade que define a amizade. Esta incita o amante a desejar fazer o bem ao amado e a fazê-lo efetivamente. Contudo, se o amante parar de desejar fazer esse bem e, portanto, deixar de fazê-lo porque deixou de amá-lo, não há nada aí que infrinja uma ética, seja ela qual for.

Entretanto, quando o amor é recíproco, tão recíproco quanto a amizade, é possível verificar que os amantes formam, por um acordo implícito ou explícito, um "nós", isto é, uma comunidade de cuidados e de interesses. Cada um age para esse nós (às vezes até a confusão dos eus) enquanto nele estiver engajado. Isso leva os amantes a redefinirem parcialmente a maneira como consideram suas identidades pessoais, a própria e a do outro, em termos de identidade comum ou compartilhada. A esse nós existente entre amantes, e às vezes entre amigos, é evidente que cada um é obrigado a ser fiel ou leal. Mas, propriamente falando, não se trata mais da ética do amor, mas da ética constitutiva do nós, seja qual for sua natureza. O amor pode estar na sua origem, mas não se confunde com ele.

O que falseia a perspectiva é que a esses dois tipos de engajamento moral, o que define a amizade e o que é definido pelo nós precário da comunidade dos amantes, sobrepõe-se às vezes um terceiro, de natureza apenas jurídica (exceto para os que o consideram "sagrado"): o vínculo que emana das instituições sociais ou religiosas (contratos, casamentos, "sacramentos") supõe garantir a perenidade da relação entre associados que fundam uma família e os obriga (geralmente mais à mulher que ao homem) a uma comunhão de vida e a uma sexualidade exclusiva. (É verdade que, em muitos casos, essas associações contratuais são independentes das relações amorosas, e vice-versa.) Seja como for, isso só aumenta a confusão: a *lealdade*, virtude constitutiva da amizade (inclusive quando une amantes), e a *fidelidade*, virtude constitutiva de toda comunidade (que também pode ser aquela, frágil, formada pelos amantes), não se confundem de modo algum com o *juramento* contratual entre cônjuges. Nem a lealdade nem a fidelidade fazem parte das virtudes do amoroso – virtudes que antes se chamam doçura, benevolência, paciência, compreensão, indulgência, desapego, devoção, abnegação, sacrifício etc., todas elas justamente de sentido único.

Ninguém pode ser obrigado a amar, a continuar amando, a amar ainda mais, a amar sempre. Esse é o conhecido drama que incita cada um a se ligar para sempre a quem ama presentemente.

Sim, amado, eu te amo outrora, agora e sempre, e sempre será agora, ela dizia, rouca, insensata, perigosa de amor[7].

## Da diferença ontológica entre os componentes

Por definição, o amor não é recíproco porque dois de seus componentes, um dos quais pelo menos é necessário à sua definição, não o são. Você deseja $x$, mas não há razão alguma para que $x$ o deseje. Você é bonito? Tem outros atributos de desejabilidade a apresentar? Você está apaixonado por $y$ por essa ou aquela razão, seja porque ele lhe parece admirável ou por algum outro motivo racional, seja porque é estrábico (para retomar o exemplo de Des-

7    Albert Cohen, *Belle du Seigneur*, op. cit., p. 458.

cartes[8]) ou por qualquer outro motivo irracional, no entanto, não há razão alguma para que o considerem admirável ou interessante.

Na verdade, essa diferença qualitativa entre a amizade, o desejo e a paixão nos coloca no caminho de uma diferença *essencial* entre as três entidades. Elas são ontologicamente heterogêneas; portanto, nunca podem

8 "Quando eu era criança, gostava de uma menina da minha idade que era um pouco vesga [sofria de estrabismo], razão pela qual a impressão que se fazia pela visão em meu cérebro quando eu olhava seus olhos afastados juntava-se de tal maneira à que nele se fazia também para comover a paixão do amor que, durante muito tempo depois, ao ver pessoas vesgas, eu me sentia mais inclinado a amá-las do que a amar outras, simplesmente porque elas tinham esse defeito; eu não sabia, porém, que isso se desse por tal motivo. Ao contrário, depois que refleti sobre isso e reconheci que era um defeito, não fiquei mais comovido. Assim, quando somos levados a amar alguém sem que saibamos a causa, podemos acreditar que isso decorre de haver nele algo de parecido ao que pertenceu a outro objeto que amamos antes, ainda que não saibamos o que é". Descartes, "Carta a Chanut, 6 de junho de 1647", em: *Correspondance complète. Œuvres complètes*, v. 8, Paris: Gallimard, 2013.

se fundir completamente (e é essa a razão pela qual elas são apenas demarcações externas do amor) como ocorre, a despeito de sua diferença química, ao misturarmos na omelete a gema e a clara do ovo. É o que explica também a instabilidade do amor, diferente da boa estabilidade da omelete. Essas três entidades não pertencem à mesma "categoria do ser": a amizade é uma *relação*; a paixão é um *estado*; o desejo é uma *disposição*. Na amizade, o outro é um outro eu. Na paixão, o outro está em mim. No desejo, o eu está voltado para o outro.

A amizade é uma relação que precede e determina os termos que ela liga, como "irmãos": para ser irmão, é preciso ter um irmão. Ela não existe nem num nem noutro, mas entre ambos. Assim, ela é estável por hipótese, mesmo que possa carregar sua própria história. A paixão é o estado no qual um sujeito altera a racionalidade das crenças e a ponderação dos desejos, ao mesmo tempo em que exalta suas capacidades de agir. Logo, ela é estável, mas o sujeito que a possui é instável. O desejo sexual é uma certa disposição de um sujeito em relação a outro sujeito, tomado, aqui, como objeto. Como ocorre em todo desejo, ele é dinamicamente instável, vai e vem, da carência à saciedade, inteiramente voltado para um objeto que ele busca possuir, mas cuja posse mesma não pode satisfazê-lo, já que o valor de seu objetivo decresce tão logo é atingido. Ao contrário da paixão, da qual todo o ser consiste em continuar a ser, todo o ser do desejo é tender a não ser: querendo ser satisfeito, ele se realiza para cessar e cessa ao se realizar. O desejo sexual quer possuir o objeto, mas não quer tê-lo. Está condenado, portanto, a se extinguir para poder, então, renascer. Tem a ambivalência do seu próprio movimento: positiva como o deleite que promete e negativa como a falta que o suscita. Daí sua relação ambígua com o "objeto" desejado, suscetível ao mesmo tempo de perfazer esse sentimento delicioso e de preencher essa falta insuportável. O desejo, portanto, é tão instável quanto o sujeito que ele anima.

O amor, seja qual for sua variante, é uma entidade emergente e movente, que nasce de uma heterogeneidade radical entre seus componentes. Estes podem se fundir para formar novas substâncias quimicamente impuras, chamadas amores, tão fundamentalmente instáveis quanto dois de seus constituintes. A diferença ontológica entre amizade, desejo e paixão permite compreender, assim, a precariedade dos amores resultantes.

## Das fusões difíceis

Sem paixão, o desejo não é possessivo. Violento, às vezes, sim; mas por que seria ciumento? Contudo, quando o desejante se fortalece com o passional para se tornar amor, ele quase sempre é acompanhado de exclusividade possessiva. É uma fusão instável, que necessariamente contraria a tendência amical do amor. Se alguém fosse o amigo do amado, desejaria para ele as mais puras delícias dos mais belos amores. Não haveria lugar para o ciúme: a alegria do amado em amar outra pessoa seria, também, nossa alegria. Entretanto, infelizmente essa fusão é quase impossível.

Caso inverso: que entidade pode resultar da improvável fusão do desejante e do amical? Ao contrário do que dizem às vezes, o desejo sexual nu não é o simples desejo de um corpo, é o desejo de um sujeito *por um sujeito* (pois não se deseja uma máquina: mesmo o estuprador sente a subjetividade de sua vítima), mas que é cobiçado *fisicamente como um objeto* – para o melhor (o prazer compartilhado) ou para o pior (a violência machista). Contudo, quando o amical se mistura ao desejante para fundir-se em amor, tudo muda. A objetividade do corpo desejado se esfuma; e o desejado não é senão subjetividade, como o amigo. Porém, é uma subjetividade inevitavelmente encarnada. Amar alguém, em seu sentido típico, é não poder diferenciá-lo do seu corpo, é percebê-lo como um todo indissociável, é amar sua *carne em pessoa.* Quando o desejante se faz amical, o corpo do amado se faz alma.

Uma prova vivida da identidade do espírito e do corpo é o amor. Sem o amor podemos sempre imaginar que outrem é dual, espírito e corpo. Quando sou ferido, sinto-o em mim: sei que não estou alojado em meu corpo como um piloto em seu navio que perceberia fora dele o dano causado à sua embarcação[9]. Sou *eu* quem sofre, não apenas meu espírito nem meu corpo; sofro, sei que sou um, não espírito *e* corpo, mas um único espírito-corpo. Essa prova de unidade absoluta entre eles, essa "unidade substancial" de um e do outro, sinto-a imediata e intimamente em minhas emoções e em meus sofrimentos. Mas teria eu, sem o amor, a mesma prova em relação a outrem? Talvez não. As relações permanentes que tenho com os outros são relações com pessoas e sobre as quais penso que elas pensam e, portanto, elas são agentes de suas ações. As relações que tenho com um amigo me confirmam que ele é um espírito como eu, que tem um pensamento com o qual posso confrontar o meu, e que é como o meu, já que ele é, precisamente nesse sentido, "um outro eu mesmo". Evidentemente

9    René Descartes, "VI. De l'existence des choses matérielles; et de la réelle distinction entre l'âme et le corps de l'homme", *Méditations métaphysiques*, Paris: Gallimard, 2006.

sei que meu amigo *tem* um corpo: vejo-o, to-co-o (por que não?) e abraço-o, mas não sinto *intimamente* que ele é seu corpo. No amor, ao contrário, *sinto em mim* que o amado coincide com seu corpo, uma vez que amá-lo, a ele, é desejar seu corpo, ou que amar seu corpo é de-sejá-lo, a ele. Eis por que sinto prazer em voltar constantemente ao retrato do amado ausente, já que minha imaginação faz o mesmo.

Eu penso. Tudo que posso concluir disso é que eu *tenho* um corpo. Já quando sofro, quem sofre sou eu, não ele: logo, *sou* meu corpo, coincido com ele. O mesmo se dá sime-tricamente em relação a outrem: vejo-o, dese-jo-o (sem amizade): sinto em mim que ele *tem* um corpo, sei que ele *tem* um espírito, mas não sinto em mim que ele é seu espírito.

Tenho um amigo (por quem não sinto de-sejo). Escuto-o, falo-lhe: sinto em mim que ele é um espírito com quem me entendo, sei que *tem* um corpo, mas não sinto em mim que ele é seu corpo. Posso sempre voltar a lembrar o que ele me disse, suas palavras atenciosas ou afetuosas, seus conselhos ou advertências, seus elogios ou reprovações, em suma, seus pensamentos, sem necessariamente imaginar que suas palavras estão encarnadas nos seus gestos.

Amo; logo, o amado é seu corpo, uma vez que é ele. Experimento, sinto, vivo isso. Suas palavras, expressões sensíveis de seu pensamento, são inseparáveis de sua voz, que é a expressão sensível de suas palavras. O que a cada vez me perturba são todos esses sinais físicos de um pensamento que inerva seu corpo: os trejeitos de seu rosto que leio a livro aberto, suas mímicas que dizem suas convicções, seu porte e seu andar que encarnam suas resoluções – coisas essas que não dependem nem do corpo nem do espírito, mas da união que chamo "eu".

Tal é o efeito da amizade quando se imiscui no desejo. De sua fusão contingente resulta a fusão necessária do espírito e do corpo do amado. Seria essa fusão estável? De maneira nenhuma.

Tudo isso supõe uma dose, pequena ou grande, mas em todo caso não nula, de passional. É aqui que o amor se vinga dos amantes, pois o passional não joga no mesmo sentido.

E essa nova fusão se revela bastante precária. Se a união do amical e do desejante é a prova vivida em mim de que o amado coincide consigo mesmo, a junção dessa união com o passional é, ao contrário, a prova vivida em mim de que não coincido mais comigo mesmo. (O próprio amado, então, se dissocia: eu o quero livre e meu ao mesmo tempo.) Ao amar apaixonadamente, torno-me estranho, ausento-me de mim: minhas crenças e meus desejos deixam de me pertencer, ou melhor, de me obedecer. Eles correspondem a este sintagma: "sei bem, mas mesmo assim"[10]. Sei bem que o amado é esse ou aquele, ou seja, tal como ele é e, quem sabe, no fundo talvez até pouco amável – mas eu o amo mesmo assim. (Com isso, o amado também se divide.) Já conhecemos tal deixa, objeto frequente do gracejo popular.

Fréhel, cantora francesa famosa no período entreguerras, por exemplo, cantava:

10   "Je sais bien mais quand même", título de um artigo de Octave Mannoni na obra *Clés pour l'imaginaire*, Paris: Seuil, 1969.

*C'est un vrai gringalet*
*Aussi laid qu'un basset*
*Mais je l'ai-ai-me*
*Il est bancal du côté cérébral*
*Mais ça m'est bien égal*
*Qu'il ait l'air anormal*[11].

Em terceira pessoa, a cegueira amorosa é um tema de moralista. O poeta romano Lucrécio, do século I a.C., admoestava:

Assim fazem os homens que o
desejo cega:
Atribuem méritos irreais àquelas
que eles amam.
Negra, é cor de mel; suja e
malcheirosa, natural;

[11] A música "Tel qu'il est" tem letra de Maurice Vanderhaeghen (conhecido como Maurice Vandair) e Charlys. Uma tradução literal desse trecho seria: "É um verdadeiro zé-ninguém/ Feio como um perdigueiro/ Mas eu o a-a-mo/ É manco do cérebro/ Mas para mim tanto faz/ Que tenha um aspecto anormal".

Olhos glaucos, é Palas; nervosa e seca, uma
gazela [...][12].

Molière fazia disso um assunto de comédia:

É assim que um amante cujo ardor é extremo
Ama até os defeitos das pessoas que ele ama.
A negra de dar medo é morena adorável,
A magra tem corpo elegante e liberdade[13].

Mas, em primeira pessoa, o "sei bem, mas
mesmo assim" pode se tornar um tema trágico.
O herói trágico/a heroína trágica não encontra
obstáculos à sua paixão apenas fora dele/fora
dela, mas, às vezes, nele mesmo/nela mesma:
seu objeto o apavora. No entanto, ele/ela se re-

12    Lucrécio, *De rerum natura* (Sobre a natureza das coisas),
      IV, versos 1153-1156; cf. *De la nature*, trad. francesa José
      Kany-Turpin, Paris: Flammarion, 1997.

13    Molière, *O misantropo*, ato II, cena 4, versos 711-714,
      fala de Eliante. Conforme o texto original em *Le Mi-
      santhrope*: "C'est ainsi qu'un amant dont l'ardeur est
      extrême,/ Aime jusqu'aux défauts des personnes qu'il
      aime./ La noire à faire peur, une brune adorable,/ La
      maigre a de la taille et de la liberté".

conhece nele. O ciumento persegue o amado, o incestuoso o evita. À vergonha de ser pego em flagrante delito de contradição (acho amável o que faço sofrer, ou amo o que não julgo amável) – o que é característico de todo vício lúcido – soma-se o horror de uma atração repulsiva (desejo o abjeto). O herói trágico se reconhece lucidamente em sua própria cegueira, como Fedra ou Otelo, ou se cega voluntariamente quando se torna lúcido, como Édipo.

Tal é a artimanha do amor, em sua dupla ambiguidade. Quando falta o amical e só há amor de desejo e de paixão, o espírito do amante não coincide mais consigo mesmo e seu pensamento se divorcia de sua razão, como um piloto que perde o controle do barco. Ele se vê dividido ("não sou mais eu mesmo") e também divide o amado, desejável e pouco amável – ou, ainda, cobiçável até a apropriação. Paixão em excesso mata o amor. É a tragédia, como vemos em Racine ou Shakespeare. Ao contrário, quando falta o passional e o amor é entre amigos, o amado coincide com ele mesmo como o desejo do amante; mas, por falta de chama, esses amores se esfumam ao sabor do desejo. Leveza demais resulta em comédia. É o que sucede com os "amores incompletos". Quanto aos "completos", são perpetuamente balançados entre essas tendências opostas, como em Marivaux[14].

14   Pierre de Marivaux (1688-1763) é um autor dramático francês de grande sutileza psicológica. [N.T.]

Os três componentes do amor não jogam em equipe, e esse é o drama, ou a grandeza, do amor. São tendências centrífugas. É como se elas não se amassem, como se não conseguissem jamais se harmonizar inteiramente entre si. Como se, para transpor uma imagem que Platão aplica à alma humana[1], a atração amorosa fosse uma carruagem partilhada entre um cocheiro (sua tendência amical que une o amante a si mesmo, assim como o une ao outro) procurando comandar diferentemente dois cavalos, ambos rebeldes: a tendência passional desune o amante de sua razão, e o desejo não cessa de escapar à sua vontade. Ora é o desejante, ora é o passional que puxa o amical, cada um para o seu lado. Ora o amical controla seus cavalos, com o risco de abulia do desejo ou de esgotamento da paixão. A colaboração é tanto mais difícil quanto essas tendências são de natureza diferente (uma *relação* entre sujeitos, uma *disposição* de um sujeito para com outro, um

---

1    Platão, *Fedro*, 246a-247e.

*estado* de um sujeito) e não têm a mesma proveniência. A amizade vem do mundo da socialidade humana, da qual é a realização afetiva elementar; a paixão vem do mundo das emoções, é o afeto em sua forma obsessiva, demasiado humana; o desejo provém longinquamente do mundo das necessidades naturais (o acasalamento), do qual é a expressão propriamente humana.

Para haver o humano, é preciso mais do que o instinto biológico de reprodução dos seres vivos: é preciso o *desejo*, que não existe sem fantasmas, sem representações, sem leis, sem frustrações, sem violência às vezes, sem beleza também, pois, no fundo do desejo humano, há uma aspiração ao belo. Para haver o humano, é preciso mais do que emoções, que são os motivos de ação de numerosos animais, é preciso mais que apegos a territórios, a objetos ou a congêneres: é preciso *paixões* que levem os humanos a se alçar acima de seus próprios interesses e a agir por uma ideia fixa, às vezes contra si mesmos e contra toda a razão. Para haver o humano, é preciso mais que o gregarismo animal, mais que a necessidade dos outros ou que o vínculo biológico entre aparentados: é preciso a socialidade propriamente humana, é preciso uma comunidade de trocas recíprocas. E essas trocas são de três tipos: 1) há a realidade da comunidade política (a cidade), que deveria ligar a "fraternidade dos concidadãos" e a ideia de justiça; 2) há a ideia de justiça, que se situa entre uma comunidade maximal (a humanidade) entremeada pela ideia universalizável de que todo humano deve poder ser um outro; e 3) há a comunidade minimal (a amizade), relação afetiva entre os que são, um para o outro, um outro si.

O desejo diz respeito ao homem como ser vivo. A paixão, ao homem como agente. A amizade, ao homem como ser social.

O amor propriamente humano é outra coisa. É um pouco menos que o desejo, a paixão ou a amizade, e um pouco mais que sua simples mistura, sempre imperfeita. O amor "puro", que não é nem sexo, nem paixão, nem amizade porque está além deles, é, portanto, "impuro", por ser feito desses três ingredientes, cada um dos quais remete a certa ideia da humanidade. Mesmo "completo", ele é imperfeito. O amor se alimenta dessas três substâncias, diferentemente a cada encontro e a cada momento, e diferentemente para cada um ou cada uma.

Não importa. Os três componentes imiscíveis do amor são também fontes dos maiores prazeres. A amizade traz a alegria; a paixão, a vivacidade; e o desejo, seus prazeres. O amor pode dar tudo isso, conforme os casos e conforme os dias. Às vezes, ele é portador de alegrias ainda maiores que as da amizade, porque amplificadas pelo desejo ou exaltadas pela paixão. E a solidez da amizade ou a leveza do desejo o desembaraçam com frequência do peso da paixão.

É por ser de natureza heterogênea, portanto instável, que ele é o motor todo-poderoso de tantas vidas ordinárias e o tema de tantas histórias, grandiosas ou banais, nas literaturas universais, histórias moldadas em cantos dilacerantes, comédias irresistíveis, tragédias desconcertantes.

Mas, de todas essas histórias, reais ou imaginárias, a filosofia nada tem a dizer.

# Sobre o autor

**Francis Wolff** é professor emérito de filosofia na École Normale Supérieure, em Paris. Foi professor em diversas universidades francesas e na Universidade de São Paulo (USP). É autor de artigos e livros dedicados à filosofia antiga, à filosofia da linguagem, à metafísica contemporânea e à estética, entre os quais se destacam *Sócrates* (1982), *Aristóteles e a política* (1999), *Dizer o mundo* (1999), *Nossa humanidade: de Aristóteles às neurociências* (2013), *Pourquoi la musique?* (2015), *Penser avec les Anciens* (2016) e *Trois utopies contemporaines* (2017), os dois últimos a serem publicados no Brasil em breve.

Pelas Edições Sesc São Paulo, contribuiu para as coletâneas *Ensaios sobre o medo* (2007), *A condição humana* (2009), *Vida vício virtude* (2009), *Mutações: a experiência do pensamento* (2010), *Mutações: elogio à preguiça* (2012), *Mutações: o futuro não é mais o que era* (2013), *Mutações: o silêncio e a prosa do mundo* (2014) e *Mutações: o novo espírito utópico* (2016).

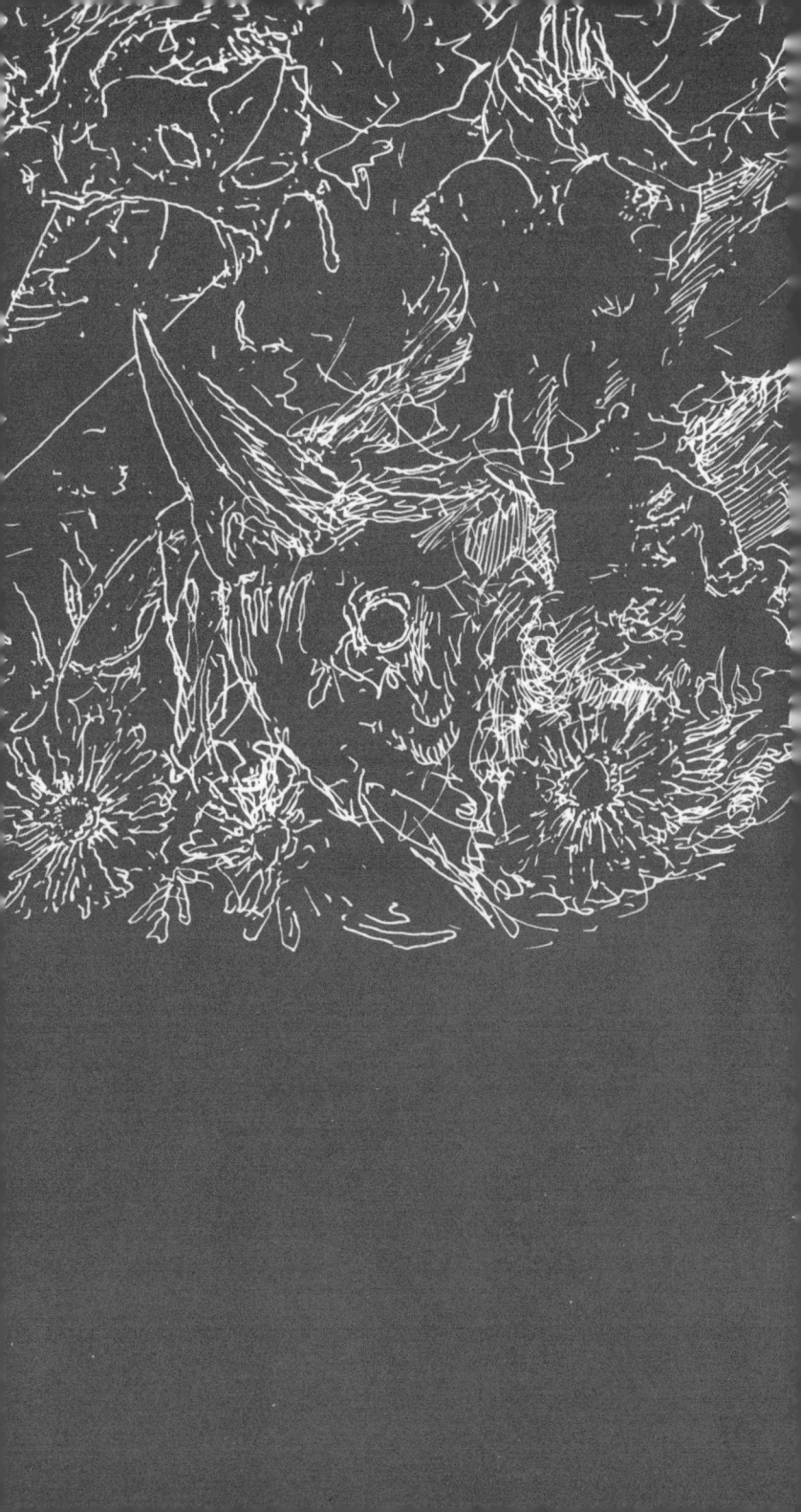

*Fontes*  Marr Sans e Sectra
*Papéis*  Color Plus 240 g/m² (capa),
Pólen Bold 90 g/m² (miolo)
*Impressão*  Maistype
*Data*  Janeiro 2018

MISTO
Papel
FSC  FSC® C041155